물고기가 사라진 세상

물고기가 사라진 세상

마크 쿨란스키 지음 • 프랭크 스톡턴 그림 • 이충호 옮김

두레아이들

First published in the United States under the title:
WORLD WITHOUT FISH: HOW KIDS CAN HELP SAVE THE OCEANS

Copyright ⓒ 2011 by Mark Kurlansky
Illustrations Copyright ⓒ 2011 by Frank Stockton
Design Copyright ⓒ by Workman Publishing
All rights reserved.
This Korean edition was published by Dourei Publication Co. in 2012 by arrangement with Workman Publishing Company, New York through KCC(Korea Copyright Center Inc.), Seoul.

이 책은 (주)한국저작권센터(KCC)를 통해 저작권자와 독점 계약한 도서출판 두레에서 출간되었습니다.
저작권법에 의해 한국 내에서 보호를 받는 저작물이므로 무단 전재와 무단 복제를 할 수 없습니다.

매리언과 탈리아,

그리고 바다 곁에서 살아가는 우리의 삶을 위해

CONTENTS

머리말
문제의 핵심 ● 9
크램과 에일리 이야기(1) _24

1장
앞으로 일어날 수 있는 일들 ● 25
크램과 에일리 이야기(2) _42

2장
사람들은 맨 처음에 어떻게 물고기를 잡기 시작했으며,
어업은 어떻게 대규모 산업으로 성장했을까? ● 43
크램과 에일리 이야기(3) _60

3장
슬픈 교훈을 주는 오렌지러피 이야기 ● 61
크램과 에일리 이야기(4) _72

4장
자연의 풍요로움에 관한 신화와
과학자들이 오랫동안 오해한 이유 ● 73
크램과 에일리 이야기(5) _84

5장
물고기를 둘러싼 정치 ● 85
크램과 에일리 이야기(6) _100

6장 물고기 잡는 것을 그냥 그만둘 수 없는 이유 ●101
크램과 에일리 이야기(7) _110

7장 네 가지 해결책, 그리고 그것만으로 부족한 이유 ●111
크램과 에일리 이야기(8) _128

8장 남획을 막는 최선의 방법: 지속 가능한 어업 ●129
크램과 에일리 이야기(9) _136

9장 오염은 어떻게 물고기를 죽이는가? ●137
크램과 에일리 이야기(10) _152

10장 지구 온난화는 어떻게 물고기를 죽일까? ●153
크램과 에일리 이야기(11) _160

11장 잠에서 깨어나 행동해야 할 때 ●161

참고자료 ●189 찾아보기 ●198 감사하는 말 ●202

> 머리말

문제의 핵심

"어떤 종이 보존되려면, 그 종의 개체수가 천적의 개체수보다 아주 많아야 한다."
―찰스 다윈, 『종의 기원』 중에서

지구의 멸망을 다룬 이야기에는 흔히 사악한 음모를 꾸미는 악당이 등장해요.
하지만 이 책은 선량한 사람들이 어떻게 지구를 멸망시킬 수 있는지 보여 줍니다.
우리가 계산을 잘못하여 어떤 문제를 제대로 해결하지 못할 때 그런 일이 일어날 수 있어요.

우리가 흔히 먹는 물고기와 우리가 잘 아는 물고기 대부분이 앞으로 5o년 안에 사라질지 몰라요.

연어, 다랑어(참치), 대구, 황새치, 멸치도 사라질 거예요. 만약 이런 일이 일어난다면, 이 물고기들에 의존해 살아가는 다른 물고기들도 살아가기가 힘들어져요. 또 갈매기와 가마우지처럼 물고기를 잡아먹고 사는 바닷새들 역시 살아가기 힘들 거예요. 고래, 돌고래, 물범처럼 물고기를 잡아먹고 사는 해양 포유류 역시 그 뒤를 따라갈 거예요. 그리고 바다 동물에 의존해 살아가는 곤충이나 도마뱀도 살기가 어려워지고, 그다음에는 곤충과 도마뱀을 잡아먹고 사는 포유류도 살기가 어려워져요. 이런 식으로 지구에 사는 모든 생물들이 서서히(그렇지만 그 생물들이 탄생하는 데 걸린 수십억 년의 시간에 비하면 훨씬 짧은 시간에) 사라져 가게 됩니다.

> 가마우지는 가마우지과에 속하는 조류로 전 세계에 32종이 있으며, 주요 종류로는 민물가마우지, 바다가마우지, 쇠가마우지 등이 있다. 대부분 해안에서 생활하지만 큰 강이나 호수에도 산다. 물위에서 물갈퀴가 달린 발로 헤엄을 치다가 잠수하여 물고기를 잡아먹는다.

긴 인류의 역사에서 특별한 시대를 맞이한 오늘날의 사람들은 어떤 의미에서 행운아라 할 수 있어요. 18세기 중반부터 시작해 약 120년 동안 계속된 산업혁명은 손으로 만들던 제품을 공장에서 기계로 대량 생산하는 변화를 가져왔어요. 그런데 그 과정에서 사람과 자연의 관계, 사람과 사람의 관계, 그리고 사람과

정치와 예술과 건축의 관계(다시 말해서, 세상의 모습과 생각)가 완전히 바뀌게 되었어요. 앞으로 여러분이 살아갈 50년 동안에는 지금까지 일어났던 것보다 훨씬 많은 변화가 일어날 거예요.

세상의 미래, 그리고 어쩌면 지구의 생존마저도 바로 이러한 변화들에 얼마나 잘 대처하느냐에 달려 있어요. 따라서 여러분은 역사 전체를 통틀어 그 어떤 세대보다도 막중한 기회와 책임을 안고 있어요.

산업혁명 시대에 살았던 위대한 과학자 중에 영국의 찰스 다윈(1809~1882)이 있어요. 다윈은 1859년에, 과학 역사에 길이 남을 위대한 작품 가운데 하나로 꼽히는 『종의 기원』이라는 책을 썼어요. 이 책에서 다윈은 수많은 동물과 식물이 생존 경쟁을 벌인다는 이론으로 자연의 질서를 설명했습니다. 그는 자연을 특별히 좋거나 친절한 곳으로 보지 않았으며, 자신이 살아남기 위해 다른 종을 죽이고 지배하는 잔인한 장소로 보았어요. 책에서 다윈은 "우리 주위에서 한가로이 노래를 부르는 새들이 대개 곤충이나 씨앗을 먹고 살며, 그러면서 생명들을 끊임없이 파괴한다는 사실을 우리는 보지 못하거나 잊고 지낸다."라고 썼습니다.

생물학자들은 자연계의 모든 동식물을 일곱 단계의 계층으로 나누어 분류해요. 그 일곱 단계의 계층은 가장 아래에 있는 것부터 차례로 종(種), 속(屬), 과(科), 목(目), 강(綱), 문(門), 계(界)예요.

대구와 사람은 같은 계인 동물계에 속해요. 또 같은 문인 척추동물문(등뼈가 있는 동물)에 속하지요. 하지만 그다음에는 서로 완전히 다른 강으로 갈려 나가는데, 대구는 어류강에 속하고, 사람은 포유강에 속해요. 조금 더 자세히 분류하면, 사람은 척추동물문 포유강 영장목에 속합니다. 같은 영장목에 속하는 동물로는 원숭이와 여우원숭이가 있습니다. 영장목 안에서 사람은 유인원과 침팬지와 함께 사람과에 속해요. 사람과 안에서는 두 발로 걸어 다니는 사람속(*Homo*)에 속해요. 사람속에 속한 종은 과거에 여러 종이 있었지만 모두 멸종하고 호모 사피엔스(*Homo sapiens*)만 유일하게 살아남았지요. 한편, 대구는 대구과에 속하는 물고기예요. 대구과에 속하는 물고기 종들은 정교한 지느러미가 발달했고, 바다 밑바닥에서 살아갑니다. 대구는 자기가 사는 곳의 위나 아래에서 살아가는 종들을 잡아먹고 살지만, 자신의 흰 살은 호모 사피엔스가 아주 좋아하는 먹이가 되지요.

다윈은 종들이 자기가 속한 집단의 생존을 위해 어떻게 경쟁

찰스 다윈
(1809년 2월 12일~
1882년 4월 19일)
다윈은 미국의 16대 대통령에 이브러햄 링컨과 같은 날에 태어났다.

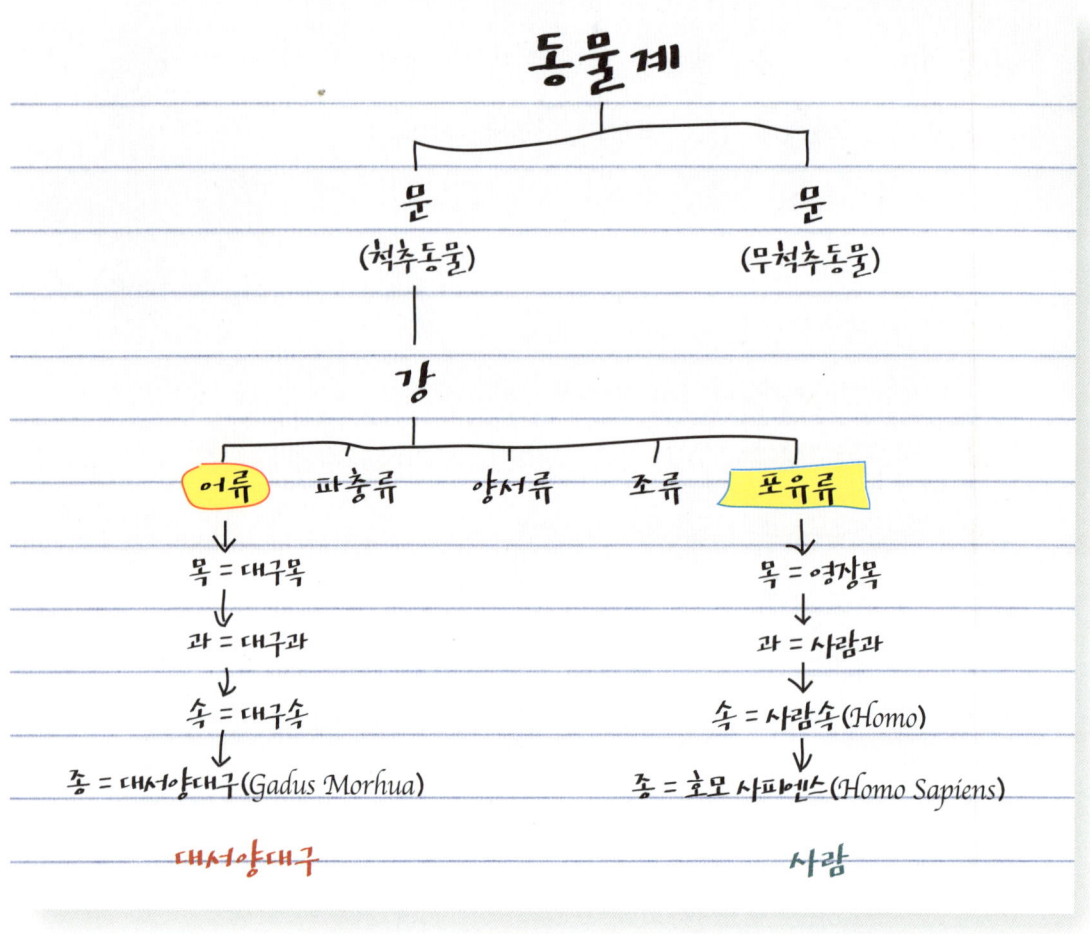

하는지 설명했어요. 우리가 생물학적으로 가까운 관계에 있는 생물을 더 좋아하는 것은 당연한 일이에요. 반면에 같은 종인 다른 사람을 죽이는 것은 아주 나쁜 일이지요. 또한 원숭이처럼 우리와 가까운 친척 종을 죽이는 것에도 많은 사람들은 거부감을 느껴요. 우리는 물고기보다는 같은 강에 속한 고래, 물범, 북극곰 같은 포유류에 더 많은 관심을 보여요. 우리가 물고기에 무관심한 것은 물고기가 우리와 다른 강에 속하기 때문일까요? 또 곤충처럼 우리와 다른 문에 속한 동물에게 동정심을 덜 느끼는 것도 같은 이유 때문일까요? 한편, 채식주의자는 자기와 같은 계(동물계)에 속한 생물을 죽이길 거부하지만, 다른 계(식물계)에 속한 생물을 죽이는 것은 괜찮다고 생각해요.

다윈의 위대한 업적 중 하나는 생존 경쟁을 위해 자연이 변이를 만들어 낸다는 사실을 알아낸 데 있어요. 변이를 통해 환경 변화에 적응하는 데 성공한 종은 살아남고, 그렇지 못한 종은 멸종합니다. 우리가 속한 사람과는 크게 성공한 과라고 볼 수 있는데, 많은 변이가 생겨나면서 다양한 속과 종으로 갈라져 나갔기 때문이지요. 그중 사람속(*Homo*)에서는 한 종만 특별한 성공을 거두며 살아남은 반면, 나머지 종들은 모두 멸종하고 말았어요.

수백만 종의 동식물이 치열하게 생존 경쟁을 벌이는 동안 환경은 계속 변해 갔습니다. 시간이 지나면서 종들이 살아가는 장소가 바뀌었고, 날씨 변화도 일어났어요. 그러면서 어떤 종은 사라져 간 반면, 어떤 종은 크게 불어났지요. 날마다 또는 시시각각으로 일어나는 변화, 때로는 바람의 변화처럼 아주 사소한 변화조차 자연의 질서를 바꾸는 원인이 되었어요. 이러한 변화들

1859년에 출간된 『종의 기원』은 그 당시에 큰 논란을 불러일으켰다. 어떤 사람들은 자연을 적대적인 존재로 본 다윈의 견해를 못마땅하게 여겼다. 어떤 사람들은 사람의 진화에 관한 생각이 성경에 나오는 내용과 어긋난다고 생각했다. 그들은 사람이 신비하고 특별한 존재가 아니라, 그저 자연에서 우연한 실험을 통해 출현한 하나의 동물에 불과하다는 다윈의 주장이 마음에 들지 않았다. 그들은 모든 종이 하느님의 창조 행위를 통해 생겨난 게 아니라 자연 속에서 일어난 실험을 통해 진화했다는 개념도 받아들일 수 없었다. 지금도 진화론이 성경 내용과 다르다 하여 다윈을 미워하는 사람이 많다. 하지만 성경을 믿는 사람이건 믿지 않는 사람이건 많은 사람들은 다윈이 설명한 자연의 질서가 옳다고 생각한다. 『종의 기원』이 나오고 나서 150년이 지나는 동안 과학자들은 자연에서 일어나는 일들을 관찰하여 그것들이 다윈의 이론과 일치한다는 결론을 내렸다.

은 늘 일어나기 때문에, 우리는 그러한 변화가 일어나는 것조차 느끼지 못할 때가 많아요. 하지만 모든 것들은 늘 변하게 마련이며, 시간이 한참 지나면 이러한 변화들이 모여 아주 큰 변화를 낳습니다.

환경이 변하면 같은 종의 개체들 사이에서 변이가 나타납니다. 때로는 몸 색깔이 변하거나 사냥 방식이 변하기도 해요. 이러한 변화는 자연에서 일어나는 일종의 실험이에요. 그중에는 실패하여 사라지는 것도 있고, 성공하여 완전히 다른 종으로 변하는 것도 있어요. 원숭이가 마침내 사람으로 변한 것도 바로 진화라고 부르는 이 과정을 통해 일어났습니다.

오늘날 바다에서 어떤 일이 일어나는지 이해하려면, 다윈이 설명한 자연의 질서를 아는 게 필요해요. 비록 다윈은 바다에 관한 글은 조금밖에 쓰지 않았지만, 해양 생물은 지구의 같은 생물계 안에서 살아가는 나머지 모든 생물과 연결되어 있어요.

지구에 사는 모든 생물은 서로 연결되어 있고,
환경이 바뀌면 바다에 사는 생물의 질서도 바뀌고,

그에 따라 육지에 사는 생물의 질서도 달라집니다.
이 모든 것은 우리의 삶에도 아주 큰 영향을 미칩니다.

세계가 우리가 사는 세계와 동식물이 사는 세계로 나누어져 있다고 생각하는 사람들이 있는데, 그렇지 않다는 사실을 아는 게 중요해요. 즉, '자연 세계'와 '우리가 만든 세계'가 따로 있는 게 아니에요. 우리는 모두 같은 행성에서, 같은 자연의 질서 속에서 살아갑니다. 동물과 식물이 하는 일은 우리의 삶에 영향을 미치며, 우리가 하는 일은 동물과 식물의 삶에 영향을 미치죠. 아주 작은 변화도 예상치 못한 결과를 불러올 수 있으며, 심지어 일단 일어난 일은 이전 상태로 돌이키기 어려운 경우가 많습니다.

다윈은 어떤 종이 살아남으려면 그 종을 잡아먹는 천적보다 그 개체수가 아주 많아야 한다고 말했어요. 다시 말해서, 어떤 종에 속한 모든 개체가 죽어야만 그 종이 멸종하는 것은 아니에요. 그중에서 상당히 많은 비율만 죽어도 충분히 멸종할 수 있어요. 어업에서는 생물학적으로 멸종한 종과 상업적으로 멸종한 종을 구분합니다. 살아남은 개체가 단 한 마리도 없는 상태를 생물학적으로 멸종한 종이라고 말하는데, 그

머리말

대서양연어
(Salmo salar)
이 종은 알래스카연어와는 달리 상업적 멸종 위기에 처해 있다.

런 사례는 아주 드물게 나타납니다. 반면에 어떤 물고기의 개체수가 크게 줄어들어 그 물고기를 잡는 게 이익이 없을 때, 그 종을 상업적으로 멸종한 종이라고 해요. 상업적으로 멸종한 종은 점점 늘어나고 있어요. 예를 들면, 대서양연어는 살아남은 개체수가 수십만 마리가 아니라 수백 마리에 불과하기 때문에 상업적으로 멸종한 종이에요. 살아남은 이 소수의 대서양연어가 번식하는 데 성공해 이전처럼 많은 수로 불어날 것인지는 알 수 없어요. 만약에 그 개체수가 너무 적어 생존하는 데 실패한다면, 이 종은 생물학적으로 멸종하여 바다에서 영영 사라지고 말 거예요.

모든 생물이 풍부한 다양성에 의존해 살아간다는 사실은 잘 알려져 있어요. 이것을 전문 용어로 '생물 다양성'이라 불러요. 종의 수가 적을수록, 즉 생물 다양성이 빈약할수록 종들이 살아남기가 더 힘듭니다. 우리도 예외가 아니에요. 우리가 호모속의 종들 중 유일하게 살아남은 종이란 사실을 잊어서는 안 돼요!

이 세상에 살고 있는 종들 중 과학자들이 확인해 이름을 붙인 종은 약 100만 종에 이릅니

생물 다양성이란 용어 자체는 1986년에 생물학자들이 처음 만들었고, 1988년에 열린 생물학자들의 회의에서 널리 사용되기 시작했지만, 『종의 기원』에서 이미 그 개념을 찾아볼 수 있다. 다윈은 "다양성이 커야만 최대한 많은 생물을 부양할 수 있다"라고 썼다.

다. 그리고 확인은 했지만 아직 정식으로 이름을 붙이지 않은 종도 약 80만 종이나 되고요. 과학자들은 이 세상에 존재하는 종의 수가 최소한 1000만 종은 될 것이라고 추정하는데, 어쩌면 그보다 더 많을지도 몰라요. 이는 곧 이렇게 바꿔 말할 수 있어요.

세상에는 이미 발견된 종보다 아직 발견되지 않은 종이 더 많이 남아 있어요. 그중에는 우리가 그 존재를 확인하기 전에 사라져 가는 종도 있을 것이고, 그러면 우리는 그런 종이 지구에 살았던 적이 있었다는 사실조차 모를 거예요.

지구에서 빠른 속도로 종들이 사라져 가는 장소는 바로 바다예요. 전 세계 곳곳에서 아주 다양한 동물과 식물에게 서식지를 제공하는 생태계인 산호초에서는 지금까지 발견되거나 확인된 적이 없는 종들이 많이 사라져 가고 있어요. 산호초는 산호 폴립이 모여 만들어지는데, 산호 폴립은 말미잘이나 해파리의 친척으로, 몸이 아주 작고 반투명한 동물입니다. 산호 폴립의 부드러운 몸은 석회석 성분의 딱딱한 골격으로 둘러싸여 있어요. 물속에 사는 다른 종들이 이 골격에 들러붙기 때문에 산호 폴립은 다양한 색깔을 나타냅니다. 폴립은 바다 밑의 암석에 들러붙어 몸이 분열하는 방법으로 번식을 하고 성장하는데, 그러면서 서로 연결되어 전체가 마치 하나의 생물처럼 행동해요. 이렇게 같은 종류의 개체들이 많이 모여 하나의 몸처럼 집단을 이루어 살아가는 것을 '군체'라고 합니다. 산호 군체들이 수백 년이나 수천 년 동안 계속 성장하면서 다른 군체들과 합쳐져 산호초를 만들어요. 오늘날 우리가 보는 산호초 중에는 5000만 년 전부터 생기기 시작한 것도 있습니다.

그런데 전 세계의 바다를 죽이는 세 가지 원인 때문에 오늘날 곳곳에서 산호초가 죽어 가고 있어요. 세 가지 원인은 바로 남획, 오염, 기후 변화예요.

지금까지 알려진 어류(물고기)의 종수는 약 2만 종이지만, 알려지지 않은 종도 아주 많이 있을 거예요. 실제로 가끔 새로운 종이 발견될 때가 있어요. 그리고 우리에게 전혀 알려지지 않은 채 그냥 사라져 가는 종도 있을 거예요.

바다에서는 확실한 것이 아무것도 없어요. 아주 풍부하게 존재한다고 알려진 물고기가 어느 날 갑자기 사라질 수도 있어요. 반대로 멸종한 것으로 알려진 물고기가 어느 날 갑자기 발견되

실러캔스
(*Latimeria chalumnae*)

유머 감각이 뛰어나 해학적인 시를 많이 쓴 미국 시인 오그덴 내시는 실러캔스를 '유일하게 살아 있는 화석'이라고 불렀다. 알려진 어류의 종수가 2만 종이라고 하면 대단히 많은 것처럼 들리지만, 실제로는 그렇게 많은 것이 아니다. 예를 들어 연체동물은 55만 종이나 되며, 곤충은 75만 1000종이나 된다.

는 경우도 있어요. 가장 유명한 예로는 1938년에 발견된 실러캔스를 들 수 있어요. 실러캔스는 먼 옛날에 공룡과 함께 멸종한 것으로 알려졌지만(약 3억 7500만 년 전에 나타나 약 7500만 년 전에 사라졌다고 알려졌음), 남아프리카공화국 동해안 앞바다에서 어선의 그물에 끌려 올라왔어요. 1988년에 열린 생물학자들의 회의('생물 다양성'이란 용어를 처음으로 사용한 회의)에서는 2만 종의 어류 명단을 작성했는데, 이 명단은 계속해서 수정되고 있습니다. 살아 있던 종이 사라지기도 하고, 새로운 종이 발견되기도 하기 때문이지요.

그런데 불확실한 바다에도 확실한 게 한 가지 있어요. 자연의 질서에 뭔가 큰 변화가 일어나고 있으며, 그것이 곧 엄청난 생물학적, 사회적 변화를 가져오리라는 사실이에요. 종들이 사라져 가는 이 변화는 육지에서도 일어나고 있어요. 예를 들면, 사람들이 살아갈 땅을 개간하거나 목재를 얻을 목적으로 나무를 마구 베어 내는 바람에 열대 우림에서 많은 종이 사라져 가고 있어요.

지금 전 세계 곳곳에서 포유류와 파충류도 많이 사라져 가고 있어요. 일부 과학자들은 2100년까지 전체 조류 중 최대 14%가 멸종할 것이라고 추정해요. 또 다른 과학자들은 전체 포유류 중

4분의 1, 양서류 중 3분의 1, 모든 땅거북과 바다거북 중 42%가 멸종 위기에 놓여 있다고 말합니다.

최근에 과학자들이 작성한 보고서에 따르면, 상업적 어종(우리가 먹기 위해 잡는 물고기들)이 현재와 같은 속도로 그 수가 줄어든다면, 생물 다양성이 부족해져서 2048년에는 **상업적 어종의 수가 거의 모두 다 회복할 수 없는 수준으로 줄어들 것이라고 합니다.**

미국 정부는 2002년에 발표한 연구 보고서에서 우리가 가장 많이 먹는 물고기 274종 가운데 3분의 1이 남획으로 멸종 위기에 놓여 있다고 말했어요. UN 식량농업기구(FAO)는 세계 각지에서 조사한 물고기 중 약 3분의 2가 그와 같은 상황에 놓여 있다고 말합니다. 바다 전체가 심각한 위기 상황을 맞이한 것입니다.

메가마우스
(Megachasma pelagios)

큰입상어라고도 부르는 메가마우스는 1976년에 처음 발견되었다. 길이 5.2m, 몸무게 720kg의 이 메가마우스는 하와이 섬 근처에서 미 해군 함정의 닻을 먹으려고 달려들었다.

크랩과 에일리 이야기(1)

다음에 계속……

1장

앞으로 일어날 수 있는 일들

"만약 이들 천적이나 경쟁자가 사소한 기후 변화 때문에 조금이라도 유리해진다면 그 수가 늘어날 것이다. 각 지역은 이미 자리를 잡고 살아가는 종들로 가득 차 있으므로 대신에 다른 종의 수가 줄어들 것이다."
—찰스 다윈, 『종의 기원』 중에서

사람들이 설사 그렇게 하려고 하더라도, 바다에 사는 생물을 모두 다 잡아 죽이지는 못해요. 물론 우리는 그럴 생각조차 하지 않지만요. 그렇지만 남획과 오염과 지구 온난화 문제 때문에 바다의 전체 생태계가 짧은 시간 안에 완전히 무너질 수 있어요. 그렇게 되면 우리는 그런 재앙이 눈앞에서 일어나는 것을 그저 바라보고만 있어야 할 거예요.

지구에 사는 모든 생물이 살아남을 수 있는 비결은 바로 생물 다양성, 즉 다양한 종들이 함께 살아가는 데 있어요. 진화가 많이 된 종, 즉 비교적 최근에 나타난 종일수록 몸의 구조와 기능이 더 복잡합니다. 복잡한 종은 살아가는 데 필요한 것이 더 많으며, 진화가 덜 된 종(수백만 년 동안 유전적 변화가 거의 일어나지 않은 채 살아남은 종)보다 환경 변화에 훨씬 약합니다.

바다에서 가장 많이 진화한 동물은 고래, 돌고래, 물범 같은 포유류예요. 그 다음에는 등뼈와 지느러미가 있는 어류(물고기)예요. 지느러미가 하나뿐인 물고기보다 지느러미가 여러 개인 물고기가 진화가 더 많이 일어난 종입니다. 예를 들면, 지느러미가 등 위에 3개, 배 아래에 3개 달린 대구는 등 위와 배 아래에 기다란 지느러미가 각각 1개씩밖에 없는 가자미보다 더 진화한 종이에요.

대서양대구
(*Gadus morhua*)

유럽가자미
(*Platichthys flesus*)

보통은 더 진화한 물고기가 덜 진화한 물고기를 잡아먹어요. 하지만 서로 도우며 살아가는 종들도 있어요. 돌고래는 먹이를 찾을 때 덜 진화한 다랑어에게 도움을 받아요. 돌고래나 다랑어나 모두 훨씬 덜 진화한 작은 물고기를 잡아먹는데, 다랑어를 따라가면 먹이가 있는 곳을 알 수 있어요. 작은 물고기는 큰 물고기의 공격에 쫓겨 수면 가까이로 올라올 때가 많은데, 바닷새는 그 기회를 노려 작은 물고기를 잡아먹어요. 한편, 바닷새가 육지에 눈 배설물은 게, 딱정벌레, 도마뱀의 먹이가 되며, 이들은 또한 육지 동물의 먹이가 됩니다. 따라서 생물 다양성이 줄어들면, 모든 종이 살아가기가 어려워져요.

가장 많이 잡히는 상업적 어류 40종이 사라진다면, 혹은 그 수가 크게 줄어든다면, 전체 생물 다양성이 큰 위협을 받게 됩니다.

그러면 이 종들과 협력하며 살아가거나 이 종들을 잡아먹으며 살아가는 종들도 사라져 갈 거예요. 심지어 사라진 종에게 잡아먹히던 포식동물이 크게 불어나는 바람에 생존에 위협을 받는 종들도 나올 거예요. 시간이 지나면 마침내 지느러미 물고기는 모두 사라지고 말겠지요. 아니, 등뼈가 있는 바다 동물(해양 척추동물)은 대부분 사라지고 말 거예요. 그렇게 되면 지금까지 일어난 진화가 거꾸로 일어날지 몰라요. 그러니까 해양 생태계가 공룡 시대보다 훨씬 이전인 캄브리아기 초기(약 5억 5000만 년 전)의 환경으로 돌아갈지도 몰라요. 그때에는 바다에 물고기가 전혀 살지 않았어요. 오늘날 살아 있는 정어리나 멸치처럼 작은 어류 종이 지구에 처음 나타난 것은 약 1억 년 전이에요.

삼엽충
(Elrathii kingii)
오늘날 살아 있는 무척추동물 집단은 거의 다 캄브리아기 초기에 나타났다.
벌레, 조개, 달팽이, 두족류, 불가사리, 성게, 게, 바닷가재, 곤충,
삼엽충 등이 모두 그때 나타났다.

더 진화한 큰 물고기들이 사라지고 나면, 일부 해양 포유류도 그 뒤를 따라 사라질 거예요. 예를 들어 먹이를 찾는 데 도움을 주던 참다랑어가 사라지고 나면, 돌고래는 먹이를 찾지 못할 테니까요.

참다랑어(Thunnus thynnus)
다랑어 떼는 돌고래 옆에 붙어 다니는 경우가 많은데, 돌고래와 함께 다니면 상어 같은 포식동물의 공격을 막는 데 도움이 된다.

물범은 그냥 굶어 죽어 갈 거예요(그래도 코끼리물범은 좀 더 오래 살아남을 거예요. 코끼리물범은 원시적인 무척추동물인 오징어를 주로 먹고 사는데, 오징어는 많은 해양 생물이 빠른 속도로 멸종해 가더라도 한동안 살아남을 것이기 때문이지요). 크릴이라는 작은 새우를 먹고 사는 혹등고래와 그 밖의 큰 해양 포유류도 한동안 살아남을 거예요. 이들 동물은 먹이를 찾아 수천 km를 여행할 수 있기 때문이지요. 하지만 먹이가 있는 장소를 알려 주던 고래들이 사라지고 나면, 크릴을 놓고 사람과 경쟁하게 될 가능성이 높고, 그러다가 결국 멸종하고 말 거예요.

그리고 깊은 곳에서 작은 물고기를 수면 가까이로 쫓아 주던 큰 물고기가 사라지면, 바닷새도 먹이를 구하지 못해 죽어 갈 거예요.

코뿔바다오리
(Fratercula arctica)

퍼핀이라고도 부르는 코뿔바다오리는 몸 길이 5cm 정도의 은빛 물고기인 까나리를 잡아먹고 산다. 그런데 최근에 까나리가 양식 물고기 먹이로 사용되면서(7장 참고) 수십만 마리씩 잡히고 있다. 스코틀랜드 근해의 큰 까나리 어장에서 까나리를 많이 잡는 바람에 코뿔바다오리와 세가락갈매기 같은 바닷새의 수가 크게 줄어들었다.

여러 곳에서 이미 이런 일이 일어나고 있어요. 대서양에서는 수면 근처에서 물고기 먹이를 잡기가 힘들어지면서 갈매기와 제비갈매기가 빠른 속도로 사라져 가고 있습니다.

일반적으로 진화가 많이 된 종일수록 멸종하기 쉽지만, 바닷새는 예외라고 할 수 있어요. 열대 지역에 사는 바닷새 중 일부는 먹이가 부족한 세상에서도 잘 살아갈 수 있도록 적응한 것처럼 보여요. 최근에 나타난 종들(최근이라고 해도 수백만 년 전이지만)은 발이 작고 제대로 발달하지 않았지만(땅에 내려앉는 일이 아주 드물기 때문에), 대신에 잘 설계된 긴 날개로 큰 힘 들이지 않고도 아주 오랫동안 하늘을 날 수 있습니다. 그래서 열대 지역의 바닷새는 먹이를 찾아 아주 먼 거리를 여행할 수 있어요. 군함새는 심지어 몇 달 동안 계속 날 수 있어요. 군함새는 땅 위에서 걸어다니는 것은 서툴지만, 아주 우아하게 하늘을 날 수 있어요. 그리고 물고기를 많이 먹긴 하지만(군함새는 갈매기나 다른 바닷새를 공격해 삼킨 물고기를 게워 내게 해 그것을 먹습니다), 해파리도 먹기 때문에 비교적 오래 살아남을 수 있습니다. 검은등제비갈매기도 길고 가느다란 날개로 최고 6년 동안 공중에 머물 수 있으며, 먼 거리를 여행하면서 수면 가까이 올라온 물고기를 잡아먹고 살아갑니다. 검은등제비갈매기는 날치를 잡아먹는 걸 좋아해요. 그런데 바닷새가 먹이를 사냥하는 데에는 문제가 한 가지 있어요. 일단 먹이가 있는 곳을 찾아내면 물고기 떼를 향해 잠수해 사냥해야 하는데, 그러면 물고기가 바다 깊숙이 도망가 버리지요. 그래서 검은등제비갈매기가 물고기를 사냥할 수 있는 기회는 바다 깊은 곳에서 큰 물고기가 작은 물고기를 수면 가까이로 쫓아 줄 때뿐이에요. 그런데 큰 물고기들이 사라진다면, 검은등제비갈매기가 먹이를 사냥할 수 있는 기회도 그만큼 줄어들겠지요.

새들은 먹이를 찾을 때 다랑어, 돌고래, 고래를 비롯해 다른 큰 물고기들에게도 도움을 얻습니다. 칠레 앞바다에 있는 후안페르난데스 제도(로빈슨 크루소 이야기의 무대로 유명한 섬)에 사는 바다제비가 대표적인 예이지요. 바다제비는 긴부리돌고래와 황다랑어의 도움에 의존해 먹이를 찾습니다. 튼튼하고 긴 날개로 먹이를 찾는 능력이 뛰어나긴 하지만, 수면 가까이에서 사는 포식동물(큰 물고기)에 완전히 의존해 살아가는 바다제비는 그러한 물고기들이 사라지면 살아남기가 어려워요.

후안페르난데스바다제비
(Pterodroma externa)
칠레에 고유하게 서식하는 종인 이 바다제비는 현재 멸종 위기 종으로 분류되어 있다.

그렇게 되면 결국 바다에서 살아남은 생물을 찾아보기가 어려운 날이 올 거예요.

그래도 많은 동물에게 먹이가 되는 플랑크톤(물속에서 떠돌며 살아가는 작은 생물. 플랑크톤에는 각종 동물, 식물, 조류, 세균 등이 있어요)은 살아남을 수 있어요. 지금도 플랑크톤과 크릴은 무게로 따질 때 지구에서 가장 풍부한 단백질 공급원이에요. 그런데 플랑크톤을 먹는 동물들이 사라지면, 플랑크톤이 급속도로 불어나서 온 바다를 뒤덮을 거예요. 그러면 바다는 분홍색 또는 주황색으로 변하게 되죠. 플랑크톤도 지나치게 많이 번식하면 그중 많은 수가 죽어 갈 거예요. 플랑크톤이 썩어 가면서 나온 독소는 주변 바다를 오염시킵니다. 이 독소는 갑각류와 갑각류를 먹고 사는 포유류를 포함해서 많은 동물을 죽여요. 이렇게 플랑크톤이 크게 불어나 썩으면서 바닷물이 붉은색으로 변하는 현상을 '적조

바다를 죽이는 적조
사진은 알래스카 연안 바다에서 발생한 적조 현상이다. 미국해양대기청(NOAA)의 발표에 따르면, 적조 현상은 전 세계에서 계속 증가하고 있다.

(赤潮)'라고 합니다. 지금도 많은 곳에서 가끔 적조 현상이 발생하여 많은 갑각류가 죽어 갑니다. 그런데 머지않은 장래에 바다 전체가 거대한 적조로 뒤덮일지도 몰라요.

또 하나의 생존자는 해파리가 될 거예요. 해파리는 아주 오래 전부터 살아왔는데, 5억 년도 더 전인 캄브리아기에 처음 나타났습니다. 해파리는 플랑크톤이 진화하여 생겨난 동물로, 바다의 바퀴벌레라고 부를 수 있어요. 사람들이 별로 좋아하지 않는 동물이라는 점도 바퀴벌레와 비슷하지요. 하지만 해파리의 몸 구조는 살아남기에 아주 유리하도록 설계되어 있어요.

해파리는 곤충과 마찬가지로 우리와 같은 문(門)에 속하지 않기 때문에, 우리는 해파리에게 그다지 신경을 쓰지 않아요. 그러나 우리가 해파리를 좋아하건 좋아하지 않건 간에, 해파리는 진화를 통해 크게 성공한 동물이며, 더 진화한 동물들이 죽어 가더라도 살아남을 가능성이 높아요. 해파리는 아주 다양한 먹이를 먹을 수 있으며, 먹이를 구하기 힘들 때에는 에너지를 적게 섭취하면서 버텨 나갈 수 있도록 몸집을 작게 만듭니다. 또, 독소에도 저항력이 강하며, 떨어져 나간 몸 일부가 새로운 해파리로

자라나는 능력도 있어요.

그 수가 너무 많이 불어나지 않도록 해파리를 잡아먹는 동물은 물고기가 124종, 그리고 그 밖의 동물이 34종 있어요. 그러나 천적들이 사라지고 나면 해파리는 그 수가 크게 불어날 거예요. 다른 동물들이 모두 사라졌으니, 해파리의 먹이인 동물 플랑크톤도 사방에 널려 있을 거예요.

한편, 따뜻한 수온도 해파리가 자라는 데 도움이 되기 때문에 지구 온난화도 해파리의 수를 불어나게 해요. 이 시나리오에 따르면, 진화가 거꾸로 일어날 뿐만 아니라, 먹이 사슬 일부도 뒤집힐 수 있어요. 즉, 사냥을 당하던 동물이 자신을 잡아먹던 동물을 사냥할 수도 있어요. 만약 물고기 수는 줄어드는 반면 해파리 수는 크게 불어난다면, 해파리는 이전에 자신을 잡아먹던 물고기를 잡아먹게 될지도 몰라요. 해파리는 촉수에 달린 자세포를 쏘아 먹이를 잡아먹습니다. 그렇게 잡은 먹이는 물속에서 떠다니는 자신의 배 속으로 집어넣어 소화하지요. 배는 일종의 펌프처럼 작용하면서 해파리를 물속에서 이리저리 돌아다니게 해 줍니다.

노무라입깃해파리
(*Nemopilema nomurai*)

최근에 들어 세계 각지에서 해파리가 폭발적으로 증가하는 사례가 점점 더 많이 보고되고 있다. 대표적인 사례로는 얼마 전에 동해(東海)에 수많은 노무라입깃해파리가 나타난 사건이 있다. 노무라입깃해파리는 폭이 1.8m나 되며, 무게는 50kg 이상이 나가기도 한다.

해파리가 온 세상을 지배한다는 이야기는 공상 과학 소설의 좋은 소재가 되었습니다. 하지만 이 이야기는 전혀 근거가 없는 게 아니에요. 만약 물고기가 사라진 세상이 온다면, 실제로 그런 일이 일어날 가능성이 높아요.

해파리 요리를 좋아하는지? 60년 뒤에는 우리가 먹을 수 있는 해산물이라곤 해파리만 남아 있을지도 모른다. 서양 사람들에게는 별로 인기가 없지만, 중국인은 먼 옛날부터 해파리 요리를 즐겼다. 아시아에서는 해파리를 식용으로 쓰기 위해 매년 약 4만 2500톤이나 잡는다. 간단한 해파리 샐러드를 만드는 방법을 아래에 소개하니, 원하면 만들어 먹어 보도록!

해파리 샐러드

- ◆ 갈기갈기 찢은 해파리 500g
- ◆ 간장 소스 두 찻숟가락
- ◆ 참기름 두 숟가락
- ◆ 식초 두 찻숟가락
- ◆ 설탕 두 찻숟가락
- ◆ 깨소금 세 숟가락

냄비에 물을 넣고 끓인다. 흐르는 찬물에 해파리를 잘 헹군 뒤에 물기를 뺀다. 불을 끄고 해파리를 끓는 물에 집어넣어 흐물흐물해질 때까지 15분쯤 놓아 둔다. 물기를 뺀 뒤에 찬물에 5분 동안 담가 둔다. 같은 과정을 다섯 번 더 반복한다. 물기를 완전히 뺀다. 종이 타월을 사용해 남은 물기를 더 빼낸다. 그러고 나서 말린 해파리를 한쪽에 놓아 둔다.

간장 소스와 참기름, 식초, 설탕을 함께 버무린다. 해파리 위에 이 소스를 뿌리고, 식탁에 내놓기 30분 전에 잘 버무린다. 그리고 식탁에 내놓기 직전에 깨소금을 뿌린다.

물론 이런 환경 변화로 이익을 얻는 동물도 있어요. 장수거북도 그중 하나예요. 장수거북은 먹이인 해파리와 마찬가지로 아주 일찍 나타난 종으로, 대부분의 물고기보다 훨씬 오래 전부터 지구에서 살아왔습니다. 장수거북은 주로 해파리만 먹고 살아요. 장수거북은 사람들이 좋아하는 음식이라서 거의 사라질 뻔했지만, 해파리가 많은 바다에서는 아주 잘 살아갑니다. 하지만 바다에서 더 이상 잡을 물고기가 없으면 사람들은 장수거북을(심지어는 해파리까지) 잡으려 할 테고, 그러면 얼마 지나지 않아 장수거북도 사라지고 말 거예요.

진화가 거꾸로 일어나면, 선사 시대의 세균을 비롯해 해파리보다 더 해로운 생물이 크게 불어날 수 있습니다. 이미 세계 각지에서 지금까지 살아 있는 게 발견되지 않았던 선사 시대 생물이 발견된 사례가 십여 건이나 있어요. 최근에 27억 년 전에 번성했던 세균에 어부들이 감염된 사건이 있었는데, 머리카락 모양으로 자라난 이 세균들은 목을 막아 호흡 곤란을 일으키고 피부에 붉은 자국을 만들기도 해요. 해파리와 플랑크톤만 가득하고 따뜻한 습지처럼 변한 주황색 바다에서 또 어떤 세균이 번식할지 누가 알겠어요?

장수거북
(*Dermochelys coriacea*)

장수거북은 현재 살아 있는 바다거북 중 몸집이 가장 큰 종이다. 다 자라면 몸무게가 최대 2톤, 몸 길이는 2.4m에 이르지만, 알에서 갓 깨어난 새끼는 몸 길이가 6cm밖에 되지 않아 포식동물에게 잡아먹히기 쉽다. 미국에서 장수거북은 멸종 위기 종으로 분류되어 있으며, 전 세계의 자연 보호 단체들도 이 종을 보호하는 노력을 기울이고 있다.

바다에서 일어나는 비극의 원인은 대부분 육지에 있는데, 이 비극은 곧 육지로까지 퍼질 거예요. 바닷새가 사라지고 나면, 바닷새가 날라다 준 먹이를 먹고 사는 파충류와 도마뱀, 곤충, 게도 사라질 거예요.

따라서 바닷새의 수가 크게 줄어들면, 도마뱀, 게, 딱정벌레의 수도 줄어들어요. 이 동물들이 사라지면 민물에 사는 일부 물고기들의 수도 줄어들고, 이것은 다시 우리를 포함해 육지에 사는 포유류 종들에게 영향을 미치게 됩니다.

진화가 거꾸로 일어나면 섬뜩한 일이 많이 일어날 수 있는데, 무엇보다 섬뜩한 사실은 우리 인간이 진화 게임에서 가장 나중에 등장한 종이라는 것이에요. 지구에서 생물이 살아온 역사는 약 5억 년이지만, 우리가 나타난 것은 불과 1000만 년밖에 안 돼요. 따라서 생명의 사슬이 풀리고 진화가 거꾸로 일어날 경우, 살아남는 종에 우리 인간이 포함될 가능성은 극히 낮아요.

물론 이것은 최악의 경우를 상상한 시나리오로, 우리가 아무것도 하지 않을 때 일어날 수 있는 일이에요. 앞으로 일어날 일을 상상해 보는 것이 좋은 점은 그런 일이 일어나지 않도록 우리가 노력할 수 있다는 데 있지요. 그렇다면 어떻게 해야 할까요?

지금 우리가 저지르고 있는 일들을 바꾸기만 하면 돼요!

그리고 우리는 지금 당장 그렇게 할 수 있는 능력이 있어요. 그렇지만 무엇을 바꾸어야 할지, 그리고 어떻게 바꾸어야 할지 알기 전에

어떻게 해서 이런 상황까지 오게 되었는지 이해할 필요가 있어요.

크램과 에일리 이야기(2)

다음에 계속……

2장

사람들은 맨처음에 어떻게 물고기를 잡기 시작했으며, 어업은 어떻게 대규모 산업으로 성장했을까?

"특정 색깔의 동물이 가끔 사라지는 게 아무 영향도 미치지 않을 것이라고
생각해서는 안 된다." —찰스 다윈, 『종의 기원』 중에서

일단 자연의 질서를 이해하고 나면, 즉 모든 생물은 생존 경쟁을 벌이며, 나머지 생물들과 연결되어 있다는 사실을 이해하고 나면, 바다에서 물고기를 잡는 어부들이 늘 해양 생물들에게 큰 영향을 미쳤다는 사실을 분명히 알 수 있어요.

우리가 물고기를 적당히 잡을 때에는 그 영향이 아주 작았고, 자연은 보이지 않게 그것을 조절할 수 있었어요. 하지만 물고기를 대량으로 잡자, 해양 생물의 질서에 큰 변화가 일어나기 시작했어요.

사람들은 역사를 문자로 기록하기 이전에는 동굴 벽에 그림을 그려 자신들이 살아가는 방식을 기록했어요. 그 그림들은 육지 동물을 사냥하는 모습을 묘사한 게 대부분이고, 물고기를 묘사한 경우는 아주 드물어요. 하지만 옛날 사람들이 살던 장소에서 발견된 물고기 뼈 화석과 낚싯바늘은 어업이 아주 일찍부터 시작되었다는 것을 말해 줍니다. 낚싯줄과 그물은 식물 섬유로 만들었고, 낚싯바늘은 뼈로 만들었지요. 가끔 창으로 물고기를 잡기도 했는데, 여러분이 실제로 이런 방법으로 물고기를 잡으려고 해 보면 한 마리를 잡는 데에도 얼마나 많은 노력과 기술이 필요한지 알 수 있을 거예요.

어업은 어부들이 물고기를 속이거나 손쉬운 어획 방법을 찾는 게임과 비슷하게 발전해 왔어요. 물고기를 가장 많이 잡는 사람이 최고의 어부로 평가받았고, 또 돈도 많이 벌었어요. 인류의 역사를 통해 어부들은 물고기를 최대한 많이 잡는 걸 목표로 삼았어요(적어도 15~20년 전까지는 그랬어요). 하지만 이제 어부들도 어장에서 물고기 개체군을 풍부하게 유지하면서 최대한 많이 잡는 게 게임의

'어장(漁場)'은 바다에서 수산 자원이 풍부해 어업을 하기에 좋은 장소를 말한다.

비결이란 사실을 알게 되었어요. 물고기를 너무 많이 잡으면, 그 물고기들이 다른 데로 가 버리고 말아요. 또, 그물을 너무 많이 쳐 놓으면 다른 데서 오는 물고기를 막게 되고, 작고 어린 물고기를 너무 많이 잡으면 그 물고기 개체군이 사라질 수도 있어요.

사람이나 포유류와 달리 물고기는 평생 동안 몸이 계속 자랍니다. 물고기는 클수록 알을 더 많이 낳고, 따라서 어린 물고기가 더 많이 태어나지요. 그러니 작은 물고기가 크게 자랄 때까지 내버려두는 게 중요해요. 천 년 전의 어부들도 이 사실을 알고 있었어요.

현대 이전에 어부들과 수산업계가 가장 염려한 물고기는 회유성 어류(큰 무리를 지어 주기적으로 이동하면서 사는 물고기 종류. 멸치, 꽁치, 정어리, 방어 따위가 있음)였어요. 이 물고기들은 바다 밑바닥 가까이에서 사는 '바닥고기'와는 달리 대개 중간 깊이의 바다에서 살아요. 청어도 대표적인 회유성 어류예요. 청어는 중세에 북유럽에서 아주 중요하게 여긴 생선이었는데, 냉장고가 발명되기 전에는 소금에 절여 저장하기 좋은 생선이 가치가 높았기 때문이지요. 청어가 바로 그런 생선이었어요. 소금물에 절여 통 속에 넣고 잘 포장한 청어는 아주 먼 곳까지 실어 나를 수 있었어요.

그런데 20년 동안 근처 바다에서 청어가 많이 잡히다가 어느 날 갑자기 바다에서 싹 사라지는 일이 가끔 일어났어요. 그 바닷가 마을은 한동안 청어를 많이 잡으며 잘살다가 갑자기 가난해지고 말아요. 청어는 도대체 어디로 가 버린 것일까요? 중세 사람들은 그것을 하느님이 내린 가혹한 벌이라고 생각했어요. 사람들이 죄를 짓고 살았기 때문에 하느님이 청어를 딴 곳으로 가게 했다는 것이지요. 그래서 청어

1491년에 출판된 『오르투스 사니타티스(Ortus Sanitatis)』란 책에 실린 이 목판화는 생선 장수가 청어의 창자를 빼낸 뒤에 통에 집어넣는 장면을 묘사하고 있다. 오르투스 사니타티스는 라틴 어로 '건강의 기원'이란 뜻이다.

가 사라진 마을 사람들은 그런 불명예까지 뒤집어써 수치를 느끼며 살아야 했어요. 하지만 그 당시의 지식 수준에서 '과학적'이라고 할 만한 의견을 제시한 사람들도 있었어요. 그들은 먼 바다로 나간 어부들이 그물을 너무 많이 치는 바람에 청어가 평소의 어장으로 오지 못하는 게 아닐까 하고 의심했어요. 그들은 또한 그물로 물고기를 잡는 것을 위험한 짓이라고 생각했어요.

하지만 실제로는 자연의 질서에 미묘한 변화가 일어난 것이 원일일지도 몰라요. 다윈의 말처럼, 이동은 그런 변화를 일으키는 중요한 요인 중 하나예요. 중간 깊이의 바다에서 살아가는

대서양청어
(*Clupea harengus*)
지구에서 아주 풍부한 어류 중 하나인 청어는 큰 무리를 지어 다니는 것으로 유명하다. 때로는 수십만 마리가 함께 무리를 지어 다닌다.

청어는 바다 밑바닥에서 청어를 잡아먹으며 살아가는 물고기들이 갑자기 그곳으로 이동해 오는 바람에 살던 곳을 떠났는지도 몰라요. 또는 청어가 잡아먹던 작은 물고기들이 다른 곳으로 옮겨 가는 바람에 청어도 먹이를 좇아 다른 곳으로 갔을지 모릅니다. 또는 너무 많은 새들이 청어를 딴 곳으로 쫓아 버렸거나, 청어와 같은 먹이를 먹고 사는 물고기를 청어 어장 쪽으로 내모는 바람에 청어가 딴 곳으로 이동했는지도 모릅니다. 그렇지 않다면 오랜 시간에 걸쳐 여러 가지 요인이 합쳐져 그런 결과가 나타났는지도 모릅니다.

바다에서 일어나는 자연의 질서 변화에 사람이 중요한 역할을 하기 시작한 것은 19세기부터예요. 그 이전에는 어부들이 바다에서 일으키는 변화는 전체 생물의 질서에 큰 위협이 되지 않았어요. 그러던 것이 19세기에 엔진의 힘을 상업적 어업에 사용하면서 문제가 생기기 시작했어요.

1698년, 영국의 군사공학자이자 발명가인 토머스 세이버리(1650?~1715)가 증기 기관에 대한 특허를 얻었어요. 세이버리는 탄광에서 물을 펌프질해 뽑아 내는 데 쓰려고 증기 기관을 만들었어요. 세이버리가 만든 증기 기관은 물이 들어 있는 밀폐된 용기에 고압의 증기를 집어넣도록 설계되었어요. 그것은 아주 단순한 기계처럼 보였지만, 그 바탕에는 세계를 완전히 바꾸어 놓을 만한 원리가 숨어 있었어요. 그 원리란, 물에 열을 가할 때 물이 증기로 변하면서 팽창하는 힘에서 물체를 움직이는 에너지를 얻는 것이었지요. 하지만 증기 기관으로 달리는 배는 증기 기관이 발명되고 나서 약 100년이 지난 뒤에야 나왔지요. 그리고 어선에 이 기술이 사용된 것은 그것보다 한참 뒤였어요.

어부들은 원래 어떤 문제가 있으면 그 문제를 해결하려고 해요. 하지만 해결해야 할 문제가 없으면, 새로운 기술에 별로 관심을 보이지 않아요(반면에 해결해야 할 문제가 있으면, 아주 혁신적인 태도를 보여요).

그 당시에 북대서양 어장에서는 물고기가 아주 많이 잡혔어요. 어부들은 바람의 힘을 이용해 달리는 범선을 타고 물고기를 잡았지만, 물고기가 많이 잡히는데 굳이 증기선으로 배를 바꿀 이유가 없었지요. 사실, 바람의 힘만으로도 고기잡이를 하는 데에는 별 문제가 없어 뉴잉글랜드 지역(미국 동북부 대서양 연안 지역으로, 메인 주, 뉴햄프셔 주, 버몬트 주, 매사추세츠 주, 로드아일랜드 주,

코네티컷 주가 여기에 포함됨)에서는 1950년대까지도 범선으로 물고기를 잡았어요! 지금도 가난한 나라에서는 돛단배로 고기잡이를 하는 사람들이 있어요.

그런데 19세기 후반부터 북해에서는 어업 분야에 기술 혁신이 일어나기 시작했어요. 아주 풍부한 어장인 북해는 영국, 프랑스, 벨기에, 네덜란드, 덴마크, 독일, 스웨덴, 노르웨이 같은 유럽의 주요 어업 국가들로 둘러싸여 있어요. 역사적으로 이 나라들은 물고기와 어장을 놓고 치열하게 경쟁했어요. 심지어 그 때문에 전쟁을 벌인 나라들까지 있어요. 네덜란드와 영국은 17세기에 북해의 청어를 놓고 전쟁을 벌였고, 프랑스와 영국은 18세기 초에 앤 여왕 전쟁 때 북아메리카의 대구를 놓고 전쟁을 벌였어요.

앤 여왕 전쟁
1702~1713년에 스페인 왕위 계승 전쟁 때 북아메리카에서 일어난 영국과 프랑스 사이의 식민지 쟁탈 전쟁. 전쟁의 결과로 프랑스는 영국에 허드슨 만 지방, 뉴펀들랜드, 아카디아 지방을 내주었다.

북해 주변 국가들은 수백 년 동안 물고기를 많이 잡았지만, 바다에서 물고기가 줄어드는 낌새는 전혀 없었어요. 17세기 초반에 북해에서 청어를 잡는 네덜란드 어선은 2000척이나 되었어요. 그러자 영국은 외국 어선이 영국 해안선에서 22km(이것은 돛대 위에서 보이는 수평선까지의 거리에 해당해요) 이내 바다에서 조업을 하는 것을 금지했습니다.

14세기에 저인망 어선(트롤 어선)을 처음 사용한 나라는 영국이었어요. 저인망 어업은 배에서 그물을 바다 밑바닥으로 늘어뜨려 끌고 다니면서 물고기를 잡는 방법이에요. 저인망은 어구를 벌리는 방법에 따라 빔 트롤과 오터 트롤이 있는데, 처음에 사용된 방법은 빔 트롤이었어요. 저인망 어선은 문제점이 하나 있었는데, 범선으로는 거대한 그물을 끌 만한 힘을 낼

저인망을 끌고 다니는 범선의 그림

저인망 어선으로 물고기를 잡는 방법이 위험하다고 처음 이야기한 사람들은 바로 어부들이었다. 1376년에 그들은 저인망 어선이 다 자라지도 않은 물고기까지 싹쓸이해 잡는다는 이유로 영국 의회에 법으로 금지해 달라고 청원했다. 그러나 의회는 그런 법을 만들지 않았다. 그 후 17세기에 스코틀랜드 어부들이 영국 국왕 찰스 1세에게 "오늘날 트롤이라고 부르는 그물이나 기계에 물고기가 대량으로 죽음을 당하는 데서" 어업을 보호해 달라고 청원했다.

1874년에는 '오터 트롤(otter trawl)'이라는 저인망 어업 방법이 발명되었다. 빔 트롤은 자루 그물 입구에 빔(beam)이라는 버팀개를 붙여 그물을 벌린 반면, 오터 트롤은 자루 그물 양 앞쪽에 날개를 달고 양쪽 날개 끝에 전개판(otter board)이라는 판자를 붙여 그물을 열었다. 하지만 오터 트롤은 그물을 풀거나 감는 속도가 일정해야 제대로 작동하기 때문에, 바람이 아닌 강한 에너지원이 필요했다. 오터 트롤 어업을 효율적으로 하려면 증기의 힘이 필요했다. 1876년에 돛과 함께 증기 기관을 보조 동력으로 사용하면서 증기의 힘으로 캡스턴(그물을 풀거나 감아올리는 장치)을 움직이는 어선이 처음으로 등장했다. 이 배는 돛을 이용해 어장까지 간 다음, 증기 기관의 힘으로 그물을 끌고 다녔다. 하지만 두 가지 동력원을 사용했는데도, 넓은 바다나 수심이 깊은 바다에서는 그물을 효율적으로 끌 만큼 충분한 힘을 내지 못했다.

수 없다는 점이었어요. 아주 큰 그물에 많은 물고기가 걸릴 경우 너무 무거워서 끌 수가 없었거든요. 그래서 작은 그물을 써야 했어요.

반면에 장점도 있었어요. 미끼를 끼운 낚시로 물고기를 잡는 것보다는 그물을 끌고 다니면서 그 앞에 있는 것들을 모조리 끌어올리는 편이 훨씬 효율적으로 물고기를 많이 잡을 수 있었거든요. 그래서 1774년 무렵에는 북해에서는 빔 트롤 어선을 이용한 어획 방법이 중요한 기술로 자리잡았어요.

19세기 중반에 생선의 질을 높이고, 생선을 신선한 상태로 시장까지 운반할 수 있는 아이디어들이 나왔어요. 우선 큰 수조가 설치된 배가 등장했어요. 이제 잡은 생선을 바닷물이 가득 찬 수조에 집어넣어 보관함으로써 훨씬 신선한 상태로 운반할 수 있게 되었어요. 그러자 어선이 바다에서 더 오랫동안 머물면서 물고기를 계속 잡을 수 있게 되었어요. 이렇게 공급되는 생선의 질이 좋아지자, 영국에서(특히 런던에서) 생선 수요가 크게 늘어났어요.

1848년에는 험버 강 하구의 그림스비 항구에서 획기적인 기술이 등장했어요. 그것은 바로 런던까지 연결된 철도였어요. 그림스비 항구는 별로 멀지 않은 노르웨이에서 가져온 얼음을 저장할 수 있어(생선을 시장까지 신선한 상태로 운반하려면 얼음이 꼭 필요했어요) 런던에 질 좋은 생선을 공급하는 주요 항구가 되었어요. 1881년에는 증기의 힘으로 그물을 끌도록 설계된 최초의 어선 조디액 호가 그림스비에서 출항했어요.

바람의 힘이 아니라 엔진의 힘으로 움직이는 배로 그물을 끌자 어부들은 물고기를 훨씬 많이 잡을 수 있었어요. 게다가 그림스비에서 철도를 이용해 생선을 런던으로 빨리 보낼 수 있게 되자 생선을 운반하고 팔기도 훨씬 쉬워졌지요. 얼마 지나지 않아 철도와 항만 시설이 효율적으로 자리를 잡았어요. 이제 배들은

기관차가 처음으로 그림스비 항구를 지나가는 장면
(일러스트레이티드 런던 신문 도서관 소장품, 1848년)

한번 출항하면 길게는 10주일 동안 바다에 머물면서 어획 작업을 했어요. 그리고 잡은 물고기는 바로 그곳에서 어선단의 운반선으로 옮겨 실어 곧장 그림스비 항구로 운반했어요. 북해에서 이런 어획 방법은 1901년까지 계속되었어요. 북해에서 남쪽 지역은 수심이 얕아서 옛날에는 물고기가 아주 풍부했어요. 어선들은 대개 그곳보다 수심이 더 얕은 도거뱅크에서 물고기를 잡았지요.

1870년대에는 증기 기관으로 달리는 배들이 나온 지 이미 80년이 지났고, 그런 배가 물고기를 잡는 데에도 아주 효율적이라는 게 증명되었지만, 그래도 어선들은 대부분 바람의 힘으로 달리는 범선이었어요. 그런데 그 다음 10년 동안에 네 가지 사건이 일어났어요.

1. 증기 기관의 성능이 더 좋아져 범선보다 4배나 더 깊은 수심에서도 그물을 끌 수 있게 되었다.
2. 성능이 좋아진 증기 기관 덕분에 저인망 어업을 할 수 있는 어장이 더 늘어났다. 아이슬란드 주변 바다를 비롯해 북해 북부에 있는 더 깊은 바다에서도 물고기를 잡게 되었다.
3. 영국이 세계에서 어획량이 가장 많은 나라가 되었다.
4. 북해의 어자원이 감소하는 조짐이 나타나기 시작했다.

그래도 물고기가 많이 잡혔기 때문에 어부들은 기존의 어장들에서 물고기가 줄어드는 것을 별로 걱정하지 않았어요. 새로운 어장으로 옮겨가 잡으면 되었으니까요.

증기 기관으로 달리는 어선은 범선이 갈 수 없던 곳까지 가서 물고기를 잡을 수 있었어요. 그래서 전통적인 어장에서 물고기가 크게 줄어들어도 어부들은 별로 신경 쓰지 않았어요. 이제 전 세계의 바다를 누비며 물고기를 잡을 수 있었으니까요.

그 결과, 아주 큰 변화가 일어났어요. 북해에서 저인망 어업을 한 지 10년이 지나자, 북해의 어획량이 크게 줄어들었어요. 그러자 과학자들 사이에서 우려의 목소리가 나오기 시작했어요. 1870년대 후반부터 영국은 저인망 어선 때문에 어자원이 고갈되는 것을 막기 위해 정기적으로 위원회를 열었어요. 그러는 동안에도 저인망 어선의 크기와 어획 능력과 수는 계속 늘어났지요.

심지어 미국에서 가장 오래된 어항일 뿐만 아니라 스쿠너라는 범선을 발명한 곳으로 유명한 매사추세츠 주의 글로스터에서도 1890년대에 처음으로 빔 트롤 어선이 등장했어요.

1911년 10월 3일자 「글로스터 데일리 타임스」에는 다음과 같은 기사가 실렸다. "어제 오후, 대서양과 태평양 연안 지역의 수산업 종사자와 선박 소유주 사이에서 오터 트롤과 빔 트롤의 사용에 강력한 반대를 촉발할 것으로 보이는 사건이 선장 협회의 방에서 시작되었다. 최근 몇 년 사이에 가장 많은 사람이 참석한 이 회의에서 선장 협회는 이러한 어획 방식을 최대한 강경하게 비난하면서 모든 항구의 선장들과 어부들과 선박 소유주들 사이에 그런 생각을 확산시키는 활동을 적극적으로 펼칠 위원회를 만들었고, 정부에도 금지 법안을 제정하도록 촉구하기로 했다."

한편, 많은 어부들은 저인망 어업이 가져올 재앙을 우려했어요. 1911년에 뉴잉글랜드 어부들은 다른 지역 어부들과 힘을 합쳐 의회에 저인망 어업을 금지해 달라고 요구했어요.

그러나 정부는 그 요구를 들어 주지 않았어요. 그러나 그 뒤 100년 동안 일어난 비극은 1911년에 어부들이 예상했던 우려가 맞았다는 것을 입증해 주었습니다. 그 무렵에 「글로스터 데일리 타임스」에 실린 한 기사는 글로스터뿐만 아니라 인근 뉴잉글랜드 지역의 다른 항구들에서도 "뭔가 조처를 취해야 한다"는 여론이 높으며, "이 저인망 어선들이 어장들을 훑고 지나가는 조업 방식을 계속하면서 다 자라지 않은 어린 물고기를 수많이 죽이는 것은 수산업의 미래를 크게 위협할 뿐만 아니라, 여태까지 이 연안 지역의 수산업에 일어난 것 중 가장 큰 위험이다."라고 주장했어요.

"가장 큰 위험." 100년 전 사람들도 이미 그것을 알고 있었어요. 글로스터의 어부들은 유럽, 그중에서도 특히 영국을 보기만 하면 자신들의 미래를 볼 수 있었으니까요.

이 기사에 따르면, 북해에서 어부들이 저인망 어업 방식을 채택한 이후에 어획 능력이 이전의 범선 선단보다 1만 4000배나 늘었다고 해요. 또 "다 자라지도 않은 물고기를 쓸데없이 죽이는 것"이 큰 문제점이며, 이것은 "그물코의 크기를 규제하거나 작은 물고기를 도로 바다로 돌려보내는 방법으로는 해결할 수 없다"라고 주장했어요. 그리고 미국과 유럽의 규제 당국이 최근에 와서야 깨달은 것처럼, "유일한 방법은 어장을 폐쇄하거나 물고기를 잡는 행위를 금지하는 것뿐"이라고 결론을 내렸습니다.

「글로스터 데일리 타임스」의 기사는 또 만약 뉴잉글랜드가 저인망 어업을 초기 단계에서 금지하지 않는다면, 나중에는 저인망 어선 소유주들과 저인망 어선의 활동으로 돈을 버는 사업가들의 힘이 너무 커져서 손을 쓸 수 없는 지경에 이를 것이란 교훈을 영국 수산업의 역사가 가르쳐 준다고 지적했어요.

20세기에 들어 증기 기관은 가솔린 기관과 디젤 기관으로 대체되었어요. 그리고 2차 세계대전 때 개발된 잠수함 기술이 어업에 활용되기 시작했어요. 전함이 물속의 잠수함을 추적할 때 사용하던 기술이 이제 물고기를 추적하는 데 사용되었어요. 소형 비행기를 보내 물고기 떼가 있는 장소를 찾아내고, 수중 음파 탐지기(초음파를 발사하여 반사되어 오는 초음파를 탐지하여 물속의 장애물이나 바다 밑바닥 지형을 알아내는 장비)로 물고기 떼가 있는 곳을 알아낼 수 있었어요.

그물의 성능도 좋아졌어요. 옛날에는 그물을 바다 밑바닥 위로 끌고 다닌다는 생각을 아예 할 수가 없었어요. 울퉁불퉁한 지형이나 바위에 걸려 값비싼 그물이 찢어지기 쉬웠기 때문이지요. 그런데 2차 세계대전 때 새로운 종류의 플라스틱이 발명되면서 튼튼한 그물을 만들 수 있었어요. 모노필라멘트(monofilament, 단섬유)라는 강한 플라스틱 끈으로 만든 그물은 값이 훨씬 쌀 뿐만 아니라, 바다 밑바닥 위로 끌고 다녀도 찢어지지 않았어요.

그 밖에도 많은 발명품이 어부들에게 큰 도움을 주었어요. 예를 들어 그물 밑바닥에 달린 '티클러(tickler)'라는 사슬은 부지런히 움직이면서 물고기를 그물 속으로 몰아넣는 일을 해요. 또 '록호퍼(rock hopper)'라는 탄성이 좋은 고무 롤러는 바위 위나 바위 사이에서 통통 튀면서 그물이 바다 밑바닥을 더 촘촘하게 훑도록 해요. 록호퍼와 모노필라멘트 그물 덕분에 울퉁불퉁한 해저 지형도 이제 장애가 되지 않자, 저인망 어선은 어디에서든 어획 작업을 할 수 있게 되었어요.

이제 어부들은 바위 사이에 숨어 있는 물고기도 잡을 수 있게 되었어요. 새로운 기술 앞에 이제 바다 밑에서 물고기가 숨을 곳이 사라졌어요.

게다가 어부들은 가솔린이나 디젤유로 추진되는 저인망 어선을 몰면서 이전보다 훨씬 더 빨리 그리고 더 많이 물고기를 잡았어요. 어선들은 지나가는 바다 밑바닥을 모조리 훑고 뒤엎으면서 해양 생태계를 완전히 뒤바꾸어 놓았어요.

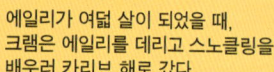

3장

슬픈 교훈을 주는 오렌지러피 이야기

"물론 각 종이 얻을 수 있는 먹이의 양에 따라 각 종이 증가할 수 있는 한계값이 결정된다."
— 찰스 다윈, 『종의 기원』 중에서

세계 지도나 지구본에서 전체 지표면의 3분의 2가 바다로 덮여 있는 것을 본 사람은 세상에 존재하는 물고기가 실제보다 훨씬 많을 것이라고 상상하기 쉬워요. 실제로 과거에 많은 사람들이 그렇게 생각했어요.

어부들이 알던 바다에는 늘 물고기가 가득 넘쳤어요. 하지만 그것은 그들이 먼 바다로 나가지 않았기 때문에 그래요. 바다 생물도 육지 생물과 마찬가지로 햇빛에 의존해 살아갑니다. 바다에서도 햇빛이 강하게 비치는 곳이라면 어디서나 식물성 영양 물질이 자랄 수 있어요. 그러면 그곳에는 질산염 물질이 많아지는데, 질산염은 플랑크톤이 빨리 자라도록 도와주지요.

플랑크톤은 단일 생물 집단이 아니라, 물속에서 물결에 따라 떠다니는 작은 생물들을 통틀어 이르는 말이에요. 그중에는 동물 플랑크톤도 있고, 식물 플랑크톤도 있고, 단 하나의 세포로만 이루어진 생물도 있어요. 식물 플랑크톤은 종류와 모양이 아주 다양하지만, 모두 현미경으로 봐야만 보일 정도로 크기가 작아요. 그리고 육지에서 자라는 식물과 마찬가지로 주요 성분이 엽록소(클로로필)라서 초록색을 띠고 있어요. 엽록소는 물과 이산화탄소를 재료로 하고 햇빛을 에너지로 이용해 탄수화물(당류)을 만들어요. 광합성이라고 부르는 이 과정에서는 부산물로 산소가 생겨요.

광합성 과정은 살아 있는 생물이라곤 아주 작은 미생물뿐이었고, 지구가 온통 짙은 기체로 뒤덮여 있던 약 35억 년 전부터 시작되어 지금도 계속되고 있어요. 식물 플랑크톤은 햇빛이 비치는 곳이라면 바닷속 깊은 곳에도 살아요. 바다의 먹이 사슬은 식물 플랑크톤과 동물 플랑크톤 외에 혼합 영양 생물이라는 또 다른 종류의 플랑크톤이 있다. 혼합 영양 생물은 광합성으로 영양 물질을 스스로 만드는 식물이지만 동시에 먹이를 삼켜서 소화시키는 동물이기도 하다.

바로 식물 플랑크톤에서 시작되기 때문에, 식물 플랑크톤이 있는 곳에는 바다 생물이 많이 살아요.

식물 플랑크톤은 그 수가 아주 많기 때문에, 식물 플랑크톤을 먹고 사는 조금 더 큰 동물 플랑크톤 역시 그 수가 아주 많아요. 동물 플랑크톤은 현미경으로만 보일 정도로 작은 것에서부터 길이가 약 20cm에 이르는 것까지 크기가 아주 다양합니다. 동물 플랑크톤 중에는 벌레, 연체동물, 갑각류, 산호, 심지어 일부 물고기의 유생(변태하는 동물의 어린 것)도 있어요. 이 동물 플랑크톤들은 지구에서 가장 먼저 나타난 생물 중 하나인 세균이 증식하는 것을 억제하는 데에도 도움을 줍니다.

동물 플랑크톤이 가득 찬 바다는 작은 새우 비슷한 동물인 크릴에게 풍부한 먹이를 제공해요. 크릴은 사람이 먹는 바다 생물 중 가장 작아요. 크기가 너무 작다 보니 많은 사람은 크릴을 먹을 생각조차 하지 않아요. 크릴을 먹고 사는 많은 바다 생물들에게는 다행한 일이지요. 만약 사람까지 크릴을 놓고 경쟁을 벌인다면, 바다 생물들에게 돌아갈 양이 그만큼 줄어들 테니까요. 예를 들면, 청어도 크릴을 먹고 살고, 거대한 혹등고래도 크릴을 먹고 살아요.

코끼리보다도 몇 배나 큰 혹등고래는 지구에서 아주 큰 포유류 가운데 하나예요. 그런데 혹등고래는 지구에서 아주 작은 동물을 먹고 살아요.

어떤 물고기는 바다 밑바닥 근처에서 헤엄을 치며 살아가는데, 작은 물고기를 잡아먹으려고 위로 올라오기도 하고, 바닥에서 사는 갑각류를 잡아먹으려고 아래로 내려가기도 해요. 이 물고기들은 대개 동작이 느리고 자기 보금자리 근처에서만 지내는데, 그 근육은 많은 사람들이 좋아하는 흰 살코기예요.

대구, 해덕대구, 가자미, 넙치 같은 흰 살 생선은 사람들이 아주 좋아하기 때문에 비싼 값에 팔려요.

한편, 수면에서 조금 아래에 있는 중간 깊이의 바다에서 헤엄을 치는 물고기들도 있어요. 이 물고기들은 빠르게 헤엄을 치며, 때로는 아주 먼 거리를 이동합니다. 정어리, 멸치, 청어, 고등어, 그리고 다랑어처럼 일부 큰 물고기가 여기에 해당하는데, 이 물고기들의 근육은 흰 살 생선보다 더 어두운 색이고 기름기도 더 많아요. 이 물고기들은 좀 싼 값에 팔리지만, 어부들은 그물로 이 물고기들을 대량으로 잡음으로써 충분히 이익을 남길 수 있어요. 중간 깊이에서 살아가는 이 물고기들 중 작은 것들은 동물 플랑크톤을 먹고 사는 크릴을 먹고 살지만, 자신들은 바다 근처에서 살아가는 더 큰 물고기들의 밥이 되지요. 작은 물고기들은 대구 같은 포식동물의 공격을 피하려고 좀 더 안전한 수면 쪽으로 올라오는데, 이때 바닷새가 재빨리 달려들어 낚아채지요.

다윈의 생각이 옳았어요. 건강한 생태계는 생물의 죽음과 종들 사이의 생존 경쟁을 바탕으로 유지되며, 바로 그런 생태계에 사람들도 뛰어들어 살육에 한몫을 해요. 그런데 어부들의 어획 활동 중 90%는 육지에서 300km 이내 지역에서 일어납니다.

북아메리카의 어업 기지들은 17세기에 세워졌다. 수백 년 동안 세계적인 어장으로 명성을 떨친 그랜드뱅크스는 대서양 연안을 따라 뉴펀들랜드 섬에서 뉴잉글랜드 지역까지 뻗어 있는 얕은 대륙붕 지역으로, 대구나 넙치처럼 바닥에 사는 물고기가 아주 풍부했다. 뉴펀들랜드 섬의 세인트존스와 매사추세츠 주의 글로스터가 중요한 어항이 된 이유는 그랜드뱅크스에서 가까웠기 때문이다. 그리고 보스턴이 중요한 항구가 된 것은 그랜드뱅크스에서 잡아 소금에 절인 대구를 이곳에서 거래했기 때문이다. 그랜드뱅크스는 많은 뱅크(bank, 수심이 얕은 모래톱)로 이루어져 있다. 뱅크들 중 가장 먼 곳에 있는 플레미시캡은 가장 가까운 항구에서 560km 이상 떨어져 있다. 가장 큰 뱅크인 그랜드뱅크는 면적이 뉴펀들랜드 섬보다도 크다. 그리고 뉴잉글랜드 앞바다에서 가장 남쪽에 있는 조지스뱅크는 면적이 매사추세츠 주보다도 크다.

거기서 좀 더 바깥쪽에 있는 바다에도 생물이 살고 있고, 물고기도 있어요. 하지만 그중 많은 물고기는 우리가 잘 모르는 깊은 바닷속에 살고 있어요. 얼마 전까지만 해도 우리는 그렇게 깊은 곳까지 들어갈 수가 없었거든요.

먼 바다에서 물고기를 잡아 큰돈을 벌려는 시도는 대부분 얼마 지나지 않아 재앙을 가져왔는데, 심해 생태계를 우리가 잘 몰랐던 것이 큰 이유였어요.

그 대표적인 예가 오렌지러피예요.

오렌지러피
(*Hoplostethus atlanticus*)

오렌지러피라는 이름은 이 물고기가 죽은 뒤에 오렌지색으로 변하기 때문에 붙었다. 하지만 살아 있을 때 몸 색깔은 빨간색이다. 죽은 모습을 보고 이름을 붙인 것은 살아 있는 오렌지러피를 본 사람이 거의 없었기 때문이다. 오렌지러피는 심해어 중 납작금눈돔과에 속하는 큰 물고기이다. 서태평양에서 처음 발견되었는데, 오렌지러피는 깊게는 수심 1500m 아래의 차가운 물에서 산다.

1970년대 이전에는 어부들이 오렌지러피를 잡을 수 없었는데, 일단 잡기 시작하자 이 생선은 오스트레일리아와 미국을 비롯해 여러 나라에서 1990년대까지 큰 인기를 끌었어요.

그런데 사람들은 이 종이 우리가 아는 물고기들과 아주 다르다는 사실을 잘 몰랐습니다.

한 가지만 예를 든다면, 오늘날 많은 과학자는 오렌지러피가 약 150년이나 살 수 있다고 생각해요. 즉, 오렌지러피의 수명은 우리가 아는 대부분의 물고기보다 5배나 길어요. 하지만 150년보다 더 오래 산다는 주장도 있어 오렌지러피의 수명이 아직 정확하게 밝혀진 것은 아니에요. 그런데 이렇게 오래 사는 종은 한 가지 문제점이 있는데, 바로 성장 속도가 아주 느리다는 거예요. 이런 물고기들은 태어나서 20년쯤 지나야 비로소 새끼를 낳을 수 있어요. 따라서 오렌지러피도 겉으로 보기에 다 자란 것처럼 보이는 것들 중에 아직 충분히 성숙하지 않아 생식을 한 번도 하지 않은 게 많아요.

생식을 하지도 않은 물고기를 대량으로 죽이면, 얼마 지나지 않아 그 종은 멸종 위기로 내몰려요. 바로 뉴질랜드와 오스트레일리아 앞바다에 사는 오렌지러피에게 그런 일이 일어났어요.

10년쯤 지난 뒤에 오스트레일리아의 오렌지러피 개체군을 조사했더니, 그 수가 1990년대에 비해 10분의 1로 줄어들었어요. 그래서 어부들은 큰 인기를 끌던 이 생선을 찾으려고 다른 장소들을 뒤지다가 남아프리카 앞바다와 훨씬 북쪽의 모로코에서 아이슬란드에 이르는 대서양에서 오렌지러피를 발견했어요. 그러자 오스트레일리아의 오렌지러피에게 일어난 것과 똑같은 일이 이들 개체군에도 일어났어요.

발견된 지 불과 수십 년 만에 심각한 멸종 위기에 놓이게 된 오렌지러피의 슬픈 이야기는 앞으로 바다에서 어떤 일이 일어날 수 있는지 보여 주는 경고예요.

알려지지 않았던 깊은 바다에 그물을 끌고 다니는 행위가 심해 생태계에 어떤 영향을 미칠지는 아무도 몰라요. 어쩌면 아직 발견된 적이 없는 종들을 위태롭게 하거나 멸종시키고서도 우리가 그 사실을 전혀 모를 수도 있어요. 우리가 접근하기 어려운 장소에 사는 희귀한 물고기가 해안에서 가까운 이상적인 환경에서 큰 개체군을 이루어 살아가는 물고기보다 생존 가능성이 더 낮은 것으로 드러난다면, 다윈의 법칙에 따라 멸종을 향해 나아가게 될 거예요.

크랩과 에일리 이야기(4)

어느 날, 크랩은 바다의 미래에 대해 이야기를 해 달라는 부탁을 받고 텔레비전에 출연했다.

"이렇게 나와 주셔서 고맙습니다, 크랩 교수님."

"불러 주셔서 고맙습니다."

마침내 크랩은 전 세계 사람들에게 바다에서 어떤 일이 일어나고 있는지 말할 기회를 얻게 된 것이다.

"크랩 교수님, 이런 예측들은 좀 극단적이지 않나요?"

"아뇨, 그렇지 않습니다."

"50년 안에 모든 바다가 죽는다고요?"

"그렇게 말하진 않았어요. 다만, 제 연구는 만약 우리가 지금과 똑같이 살아간다면, 50년 안에 바다에 사는 생물들이 엄청나게 변할 것이라고 말할 뿐이죠."

"하지만 그것을 바꿀 수 있어요. 아직 늦진 않았어요."

텔레비전 쇼에는 토론을 위해 또 다른 전문가가 출연했다.

"커셀 박사님은 해양수산부에서 일하고 계시죠? 크랩 교수님의 의견에 동의하시는지요?"

"네, 동의합니다. 그래서 우리는 새로운 어자원 관리 계획을 세웠어요."

"이제 우리는 어자원을 보호하기 위해 큰 계획을 실행에 옮기고 있어요."

"하지만 그걸로는 충분하지 않아요."

"정부 기관에서 일하다 보면 정치적 현실도 고려해야 해요."

"그런 한계를 감안한다면, 이것은 아주 좋은 계획입니다."

"크랩 교수님, 50년이라고 하셨죠? 정말 시간이 그것밖에 없는 겁니까?"

"확실한 건 알 수 없어요. 우리가 아는 건 주요 어종들이 사라지면, 연쇄적으로 일련의 사건들이 일어나 전체 바다 생태계가 금방 붕괴할 수 있다는 사실입니다."

"교수님은 대서양의 해덕대구가 2004년에 완전히 사라질 거라고 예측하지 않았나요?"

"아니요! 전 다만 우리의 행동을 바꾸지 않을 경우, 빠르면 2004년에 해덕대구가 사라질 거라고 말했지요."

"하지만 그런 일은 일어나지 않았죠."

"'아직' 일어나지 않은 거예요. 그건 다른 이야기지요!"

"안타깝게도 시간이 다 돼 여기서 마쳐야겠네요. 커셀 박사님, 크랩 교수님, 우리 쇼에 나와 주셔서 고맙습니다."

"애당초 이야기를 들을 생각이 아예 없군."

다음에 계속 ……

> 4장

자연의 풍요로움에 관한 신화와 과학자들이 오랫동안 오해한 이유

"알이나 씨의 수가 많은 진짜 이유는 생애 중 어느 시기에 일어나는 대량 파괴를 보충하기 위한 것이다. 그리고 그 시기는 대부분 초기에 집중되어 있다."
—찰스 다윈, 『종의 기원』 중에서

과학자와 어부는 오랫동안 서로 의견을 달리했어요. 어부는 물고기를 연구하는 과학자가 어부만큼 바다에서 많은 시간을 보내지 않기 때문에 믿을 수 없다고 생각해요. 반면에 과학자들은 과학자로서 정식 교육을 받지 않은 어부들의 말을 믿지 않으려고 해요. 어느 쪽이 옳을까요? 사실은 과학자들도 가끔 틀릴 때가 있고, 어부들도 가끔 틀릴 때가 있어요.

어류와 바다에 대한 연구가 아직 새로운 과학 분야로 간주되던 19세기에는 물고기, 특히 작은 물고기를 너무 많이 잡는 바람에 전체 어류 개체군이 사라질지도 모른다고 염려한 쪽은 과학자들이 아니라 어부들이었어요. 그 당시 과학자들은 물고기를 많이 잡는 것이 원인이 되어 물고기의 씨가 마를 수 있다는 이야기를 믿지 않았어요. 왜냐하면 물고기는 알을 아주 많이 낳는다고 알려져 있었기 때문이지요.

사람들이 오랫동안 잘못 믿어 온 신화 중 하나는 자연의 풍요로움이에요. 즉, 자연은 본질적으로 풍요로워서 아무리 낭비해도 바닥이 나지 않는다는 믿음이지요.

특히 기독교를 비롯한 종교계에서는 신이 창조한 자연의 질서를 사람이 망칠 능력이 있을 리 없다고 주장했어요. 다윈의 진화론을 믿는 사람들조차 자연은 아주 복잡한 힘이어서 사람이 그것을 어떻게 변화시킬 수는 없다고 믿었어요. 하지만 다윈은 그렇게 생각한 적이 없어요. 다윈은 자연은 파괴와 생존이 끊임없이 일어나는 장소이며, 사람은 그러한 자연을 이루는 일부에 지나지 않는다고 보았지요.

사람들은 물고기는 특히 없애기 힘든 생물이라고 생각했는데, 알을 아주 많이 낳는다는 게 중요한 이유였지요. 어부들이 많이 잡은 대구는 특히 알을 많이 낳았어요. 몸 길이가 1m(이것은 아주 큰 것은 아님)인 암컷 대구 한 마리는 알을 최대 300만 개나 낳을

안톤 판 레이우엔훅
(1632~1723)
얀 페르콜레가 그린 초상화.

수 있어요. 물고기는 나이를 먹으면서 몸집이 더 커지면 알도 더 많이 낳아요. 몸 길이가 1m 25cm쯤 되는 대구는 알을 900만 개나 낳을 수 있어요. 이 놀라운 사실을 보고 많은 사람들은 오해를 했어요.

17세기에 안톤 판 레이우엔훅이라는 네덜란드 과학자가 대구 알을 세는 데 도전했어요. 레이우엔훅은 현미경으로 생물의 세포를 관찰한 미생물학의 아버지로 알려져 있어요. 어쨌든 그는 보통 크기의 대구 한 마리 안에 든 알의 수를 938만 4000개라고 세었어요. 그로부터 약 150년 뒤에 『상업과 상업적 항해 백과사전』이란 책에서는 레이우엔훅이 센 대구 알의 수를 다시 확인하려고 시도했어요. 그리고 그 알의 수는 "대구를 절멸시키려는 인간의 모든 노력을 좌절시킬 만한 수"라고 결론 내렸어요.

프랑스의 유명한 소설가 알렉상드르 뒤마는 그가 죽고 나서 1873년에 출판된 식품 백과사전인 『요리 백과사전』에서 이렇게 썼어요. "알의 부화나 각각의 알이 성장하는 것을 방해하는 사건이 전혀 일어나지 않는다고 가정할 때, 3년이면 대구가 바다를 가득 채운다는 계산이 나온다. 그러면 발을 전혀 적시지 않고 대구의 등을 밟으면서 대서양을 건널 수 있을 것이다."

이러한 발언들이 전하는 메시지는 명백했어요. 엔진의 힘과 같은 새로운 기술 덕분에 어획량이 크게 늘어나고, 어부들이 새로운 현대식 어선이 물고기를 너무 많이 잡는 걸 염려하던 19세기 후반에 과학자들은 물고기를 아무리 많이 잡아도 괜찮다고 이야기했어요. 아무리 많이 잡더라도 알을 그렇게 많이 낳는 어류 개체군은 절대로 사라질 리가 없다고 믿었기 때문입니다.

하지만 다윈은 이 가설을 반박했습니다. 자연은 개체수가 지나치게 늘어나지 못하게 견제한다고 지적했어요. 예를 들어 대구 알들이 모두 다 부화하여 살아남는다면, 바다에는 대구가 엄청나게 늘어나 먹을 것이 부족할 것이고, 그러면 많은 대구가 굶어 죽을 거예요. 하지만 실제로는 이런 일이 일어나지 않아요. 왜냐하면 자연이 대구에게 많은 알을 낳도록 한 것은 그중 극소수만 살아남을 수 있기 때문이에요. 폭풍에서 살아남은 알들은 사람처럼 물고기 알을 좋아하는 다양한 바다 동물들에게 먹히고 맙니다. 포유류는 대개 새끼를 1~6마리 낳습니다. 새는 이것보다 좀 더 많은 알을 낳지만, 물고기는 수백만 개의 알을 낳아요.

최근에 와서야 과학자들은 물고기 한 마리가 낳은 알 중에서 부화하여 살아남는 새끼는 포유류나 조류와 비슷하게 1~6마리에 불과하다는 사실을 알아냈어요.

토머스 헨리 헉슬리
(1825~1895)

다윈의 진화론을 열렬하게 지지한 헉슬리도 유명한 생물학자였다. 그는 다윈의 진화론을 처음으로 사람에게 적용하기도 했는데, 다윈은 꿈도 꾸지 않은 생각이었다.

어부들이 물고기를 아무리 많이 잡더라도 물고기 개체군을 사라지게 하는 것은 불가능하다는 생각을 널리 퍼뜨린 사람 중 하나는 토머스 헨리 헉슬리라는 영국 과학자였어요. 헉슬리는 동물들의 해부학적 구조를 이해하는 데 큰 업적을 남겼어요. 또, 다윈의 진화론을 열렬하게 지지했고, 그것을 널리 퍼뜨리는 데에도 중요한 역할을 했어요. 그리고 지금은 널리 받아들여지는 의견이지만, 새가 공룡의 후손이라는 사실을 처음으로 주장하기도 했어요.

하지만 헉슬리는 물고기에 관한 이야기에서는 다윈의 주장을 완전히 잘못 이해했어요.

헉슬리는 생존에 관한 다윈의 이론이 물고기를 결코 없앨 수 없다는 사실을 증명한다고 믿었어요. 그리고 상업적 멸종이 일어나면 어부들이 그 종이 생물학적 멸종에 이르기 전에 그 물고기 잡는 것을 그만둘 것이라고 결론 내렸어요.

기술의 발전이 어류 개체군에 미치는 효과를 염려한 영국 정

물고기가 사라진 세상

부는 그러한 염려가 사실인지 조사하기 위해 위원회를 여러 개 만들었어요. 헉슬리는 그중 세 위원회의 위원으로 임명되었습니다. 한 위원회는 그물로 청어를 잡는 어부들이 주낙(긴 낚싯줄에 여러 개의 낚시를 달아 물속에 늘어뜨려 고기를 낚아 올리는 기구)으로 물고기를 잡는 어부들 때문에 물고기 씨가 마른다며 제기하는 불만을 조사했어요. 청어잡이 어부들은 의회에 주낙을 제한하는 법을 만들어 달라고 강력하게 요구했어요. 그러나 헉슬리가 속한 위원회는 청어잡이 어부들의 주장을 '비과학적'이라는 이유로 받아들이지 않았어요. 그 위원회는 "어부들은 직업상 꼭 알아야 할 필요가 없기 때문에 물고기에 관한 사실을 제대로 알지 못한다"라고 주장했는데, 이것은 경험을 통해 얻은 어부들의 지식을 얕보는 좋지 않은 전통을 남겼어요. 이 말을 바꾸어 말하면, 어부들이 아는 지식이라곤 물고기를 잡는 데 필요한 것밖에 없다는 말과 같아요.

이 말은 어느 정도 사실일지 모르지만, 실제로는 물고기를 잘 잡으려면, 물고기에 관한 거의 모든 사실을 잘 알아야 해요.

그리고 어류 개체군의 보전에 대해 어부들만큼 큰 이해 관계가 달려 있거나 큰 관심을 가진 사람은 아무도 없어요.

「일러스트레이티드 런던 뉴스」
(1883)
이 영국 신문 1면은 1883년에 런던에서 열린 국제 어업 박람회 개회식을 묘사한 것이다. 뒷줄 맨 왼쪽에 있는 사람이 토머스 헨리 헉슬리이다.

위원회는 비과학적인 어부들이 "생산적인 산업 방식"을 방해한다고 불평했어요. 다시 말해서, 어부들이 파괴적인 어획 방법으로 보이는 것에 반대함으로써 기술 발전을 방해한다는 것입니다. 컴퓨터와 사이버 전자공학이 오늘날 우리가 하는 모든 일을 크게 변화시킨 것처럼, 산업혁명이 일어난 19세기 후반에는 산업과 기계 발명이 사람들이 하는 모든 것을 변화시켰어요. 사람들은 과학과 산업과 기술의 발전을 더 풍요롭고 더 행복한 미래를 약속하는 길이라고 생각했어요. 하지만 그런 발전의 부작용으로 생각하지도 못한 대가를 치를 수 있다는 사실은 20세기에 들어와서야 밝혀졌어요.

1883년에 런던에서 국제 어업 박람회가 열렸는데, 전 세계의 주요 어업국 대표들이 참석했어요. 헉슬리는 거기서 한 연설에서 이렇게 말했어요. "물고기를 조금이라도 남획하면 공급 감소라는 자연적인 견제 현상이 나타날 것입니다.…… 다시 말해서, 어획량이 줄어드는 것을 보고 우리는 남획을 하고 있다는 사실을 알 수 있습니다." 그리고 "이러한 견제는 영구적인 고갈과 같은 일이 일어나기 오래 전에 항상 작동할 것입니다."라는 말로 사람들을 안심시켰어요.

여기서 헉슬리는 다윈의 이론을 중요한 문제에 적용했어요. 만약 남획으로 어떤 물고기 개체군이 줄어든다면, 그 물고기는 희귀해져서 더 이상 잡을 수 없게 되겠지요. 그러면 그 물고기는 다시 개체군을 회복할 시간을 얻을 수 있어요.

하지만 헉슬리는 다윈이 발견한 것 중 중요한 것을 놓쳤는데, 그것은 바로 다음 사실이에요. 종의 생존 경쟁은 큰 개체군을 유지하는 데 달려 있습니다.

헉슬리와 그가 활동한 위원회는 북대서양에서 물고기를 잡는 나라들에 오랫동안 큰 영향을 미쳤어요. 1880년대 후반에 캐나다 정부는 새로운 어획 기술 때문에 물고기 개체군들이 위협을 받는지 여부를 판단할 때, 헉슬리의 주장을 인용하면서 어획량이 증가하는데도 "영국 어장들에서 고갈의 징후를 전혀 찾아볼 수 없다"라고 주장했어요. 그리고 "현재 물고기를 잡는 데 사용하는 수단 때문에 물고기의 수가 줄어든다는 것은…… 불가능하다"라고 결론 내렸지요.

그런데 "현재 물고기를 잡는 데 사용하는 수단 때문에"라는 말에 함정이 숨어 있어요. 많은 정부 관계자들과 과학자들은 완전히 다른 결과를 낳는 새로운 기술이 사용되고 있다는 사실을 몰랐어요. 그들은 현실 상황이 완전히 달라진 지 오래되었는데도, 헉슬리와 그 비슷한 사람들이 주장한 것을 앵무새처럼 되풀이했어요. 그리고 헉슬리 자신조차 몇 년 뒤에 북해에서 엔진으로 그물을 끌고 다니는 어선들이 펼친 어획 활동의 영향을 조사한 뒤에 이전의 견해를 완전히 바꾸었다는 사실에 주목한 사람은 거의 없었어요.

헉슬리는 물고기 남획이 단지 가능할 뿐만 아니라, 실제로 일어나고 있다는 사실을 확인했어요.

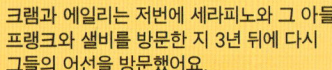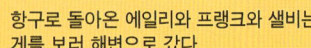

5장

물고기를 둘러싼 정치

"희귀성은……멸종의 전조이다."
―찰스 다윈, 『종의 기원』 중에서

그랜드뱅크스에서 물고기 남획을 둘러싼 논쟁은 1990년대에 끝났어요. 대서양 연안의 이 얕은 바다 지역은 세계 최대의 어장이었어요. **수백 년 동안 유럽과 아시아의 어부들까지 이곳에 와서 물고기를 잡았습니다.**

그러나 20세기 후반에 어부들은 두 가지 사실을 깨닫게 되었어요.

1. 전에 연안 가까이에서 잡던 것과 같은 양의 물고기를 잡으려면, 훨씬 멀리까지 배를 타고 나가야 했어요.
2. 물고기의 크기가 점점 작아졌어요.

물고기 개체군이 점점 작아지면, 자연은 그 종의 생존을 돕기 위해 물고기가 더 어린 나이에 알을 낳을 수 있게 해요. 그러나 알을 가장 많이 낳는 큰 물고기를 잡는 것이 더 쉽기 때문에, 어부들은 큰 물고기를 우선적으로 잡아 개체군에는 작은 물고기들만 남게 됩니다. 자연은 또한 먹이 부족을 보충할 수 있도록 물고기가 더 천천히 자랄 수 있게 해요.

물고기가 작아지는 문제와 물고기를 잡기 위해 더 먼 바다로 나가야 하는 문제에 대해 우려를 표시한 사람들은 이번에도 과학자가 아니라 어부들이었어요. 그런데 어부들의 생각에도 문제점이 한 가지 있었는데, 남획은 자신들이 아닌 다른 나라 어부들 때문에 일어난다고 생각하는 것이었어요. 지금도 전 세계의 어부들은 대부분 사는 곳이 어디든 간에 물고기를 무분별하게 남획하는 행위는 외국인이 저지른다고 말해요.

영국 콘월 지방의 한 어선 선장이 한 인터뷰가 이 사실을 분명히 보여 줍니다. 윌리엄 후퍼라는 선장은 1995년에 물고기 남획 문제에 대해 질문을 받았어요. 그는 자신이 고기잡이를 시작한 1955년에는 물고기가 하도 많이 잡혀 갑판 위에 무릎 높이로 가득 쌓였다고 말했어요. 그런데 갈수록 어획량이 줄어들자, 같은 양의 물고기를 잡으려면 더 크고 성능이 좋은 배를 사용하지 않을 수 없었대요. 처음에는 길이 12m의 배로 시작했는데, 지금은 훨씬 성능이 좋고 고가의 장비를 갖춘 17m짜리 배를 타고 고기잡이에 나서지만, 1955년에 작은 배로 잡던 것보다 물고기가 덜 잡힌다고 했어요.

후퍼 선장은 문제의 원인이 남획에 있다고 단호하게 말했어요.

하지만 남획의 원인은 무엇이고, 어떤 사람이 남획을 하나요?

이 질문에 대해서도 후퍼는 단호하게 대답했어요. "가장 큰 문제는 에스파냐 어부들입니다." 몇 달 전에 영국 정부가 에스파냐 어선들에게 콘월 지방 앞바다에서 물고기를 잡도록 허락한 것은 사실입니다. 하지만 조업할 수 있는 에스파냐 어선의 수를 40척으로 제한했고, 그 어선들은 이제 막 도착해 조업을 시작한 참이었어요. 그러니까 후퍼 선장이 고기를 잡는 바다에서 일어난 남

이 유럽 지도는 아이슬란드가 유럽 대륙에서 얼마나 멀리 떨어져 있는지 보여 준다. 가장 가까운 유럽 나라는 노르웨이인데, 그마저 1000km 이상 떨어져 있다.

획은 에스파냐 어부들 때문에 일어난 게 아니란 이야기지요. 이 점을 지적하자, 후퍼 선장은 잠시 입을 다물고 있다가 "그래, 맞아요. 문제는 스코틀랜드 사람들이에요."라고 말했어요.

외국 어선을 자국 어장에서 쫓아내려는 움직임은 섬나라 아이슬란드에서 강하게 일어났어요. 아이슬란드 사람들은 외국인이 문제의 주범이라고 생각할 만한 이유가 있었어요. 아이슬란드는 국경을 맞대고 있는 나라가 하나도 없고, 다른 나라들에서 아주 멀리 떨어져 있어요. 나머지 세상과는 따로 떨어진 외톨이 나라 같은 느낌이 들지요. 수백 년 동안 아이슬란드는 덴마크의 식민지였는데, 덴마크는 이 황량한 섬에 별로 신경을 쓰지 않았고 개발도 하지 않았어요. 그래서 아이슬란드는 북아메리카나 북유럽보다 훨씬 가난했고, 주민들은 작은 나무배를 타고 물고기를 잡으며 살아갔어요. 양 옆에 사람들이 줄지어 앉아 노를 저어 나아가는 배는 옛날에 조상인 바이킹이 타던 것과 별다르지 않았어요. 그들은 용암으로 뒤덮인 해변에서 아침 일찍 그 배를 타고 추운 바다로 나갔지요.

그런데 1890년대부터 엔진의 힘으로 달리는 현대적인 영국 어선들이 아이슬란드 바다에서 거대한 그물을 끌고 다니기 시작했어요. 이 배들은 남획으로 어자원이 고갈된 북해를 떠나 그곳으로 왔는데, 이 사실은 아이슬란드 주민들에게 그들의 바다에 일어날 수 있는 재앙을 알리는 경고였어요.

많은 사람들은 실제로 그렇게 생각했어요. 하지만 그 배들을 자신들의 바다에서 쫓아내야 한다고 생각하는 사람들과 우리도 그런 배로 물고기를 잡아야 한다고 생각하는 사람들 사이에 논쟁이 벌어졌어요. 1944년에 아이슬란드가 독립국이 된 뒤에 이 논쟁은 더욱 가열되었지요. 경제를 발전시키는 데에는 무엇보다도 어업이 중요했기 때문이에요. 옛날에는 위험하고 불확실한 상업적 어업에 국가 경제를 의존하는 것도 충분히 생각할 수 있는 일이었지만, 20세기에 그렇게 한다는 것은 좀 특이한 사례였어요. 하지만 아이슬란드는 특이한 곳이에요. 화산과 빙하가 도처에 널려 있고 기후까지 혹독해 나무나 곡물이 전혀 자라지 않으며, 샌드위치를 만들 빵이 없어 아이들은 간식으로 말린 대구를 학교에 가지고 가거든요.

아이슬란드의 몇 안 되는 천연 자원 중 하나는 바로 물고기가 넘쳐나는 바다예요. 그래서 주민들은 주요 식량 공급원인 바다를 잃는 위험을 가만히 보고 있을 수가 없었어요.

그래서 외국 어선들에게 자기네 바다에서 떠나라고 요구했어요. 국제법에서는 바다의 영유권을 육지만큼 엄격하게 취급하지 않으며, 바다의 경계선을 어떻게 정해야 할지 모두가 동의하는 원칙은 없어요. 어떤 사람들은 다른 나라의 주변 바다에서 자기 나라 배를 쫓아내는 행위를 전쟁 행위로 여겼어요. 영국은 자기 나라 바다에 다른 유럽 나라 배가 들어오지 못하도록 하면서도,

1958년, 웨스트피오르즈 앞바다에서 영국 트롤 어선 코번트리시티호가 아이슬란드 해안경비대 소속 함정 앨버트호와 대치한 장면.

제1차 대구 전쟁(Cod War) 때 두 선박이 대치한 장면을 찍은 사진이다. 이 전쟁은 향후 발생하는 양국 사이의 이견은 국제사법 재판소의 중재에 맡긴다는 합의로 끝났다.

아이슬란드 바다에서 영국 어선을 쫓아내는 것은 전쟁 행위라고 주장했어요. 그리고 영국 해군은 자기 나라 바다를 보호하던 아이슬란드 해안 경비대를 공격했어요. 해안 경비대는 아이슬란드가 보유한 유일한 군대였습니다. 1958년부터 1975년까지 영국 해군과 아이슬란드 해안 경비대는 아이슬란드 주변 바다에서 세 차례나 전투를 벌였어요. 비록 유혈 사태로 번지지는 않았지만, 아주 위험하고 격렬한 전투가 벌어졌어요. 발포 행위는 거의 일어나지 않았지만, 그물을 찢거나 선박끼리 충돌하는 일이 일어났지요. 결국 아이슬란드는 자국 영토에서 200해리(약 370km) 이내의 바다를 배타적 경제 수역으로 선포하고, 오직 아이슬란드 어선만 어획 작업을 할 수 있게 했어요. 아이슬란드 사람들은 이렇게 자신들의 어장을 관리하면서 어류 개체군을 유지하기 위해 어획 작업을 규제했어요.

하지만 아이슬란드가 200해리 배타적 경제 수역을 선포하자, 다른 나라들도 같은 조처를 취하려고 했어요. 그래서 육지에서 가장 멀리 떨어진 섬이나 암초를 기준으로 거기서부터 200해리 경계선을 긋기 시작했어요.

배타적 경제 수역
그 국가의 경제적 주권이 미치는 바다 지역. 보통은 연안에서 200해리 이내의 바다가 여기에 해당한다.

지구 온난화 때문에 해수면이 상승하고 있어요.

그래서 이러한 섬과 암초 중에 수면 아래로 잠기는 것도 나올 거예요. 그렇게 되면 아주 넓은 면적의 배타적 경제 수역을 잃게 되겠죠. 현재 세상에서 물고기가 많이 잡히는 어장들은 대부분 한 나라나 여러 나라가 배타적으로 관리하고 있어요.

어장의 관리권을 확보한 나라들은 대부분 그곳에서 어획 작업을 크게 늘렸어요. 1970년대 후반에 많은 나라는 어선단을 만드는 데 많은 투자를 했어요. 어부들과 각국 정부는 남획의 원인(외국 어선)을 제거했으니, 이제 물고기를 더 많이 잡아도 된다고 생각했어요. 그래서 더 나은 장비를 갖춘 더 큰 배를 만들었지요.

처음에는 물고기가 더 많이 잡혔고, 그 덕분에 돈도 더 많이 벌었습니다. 그러나 시간이 지나자 200해리 배타적 경제 수역은 재앙으로 변했어요.

미국 같은 일부 나라의 정부들은 어부들이 새 배를 살 수 있도록 돈을 빌려 주었어요. 캐나다 같은 나라들은 정부가 직접 나서서 어선단을 만들었지요. 캐나다에서는

이 방법이 한동안 효과가 있었어요. 특히 뉴펀들랜드 섬이나 래브라도 반도처럼 순전히 대구 어획에 의존해 살아가는 가난한 지역 사람들에게 도움이 되었어요. 어부들과 수산 회사와 캐나다 정부 모두 돈을 벌었지요. 캐나다의 주요 수출품인 생선은 다른 나라에서 돈을 벌어 오는 데 크게 기여했어요. 새로 선포한 200해리 배타적 경제 수역 덕분에 대서양 연안에 사는 캐나다 주민은 10년 이상 행복하게 잘 살았습니다.

하지만 행복하지 못한 사람들도 있었어요. 바로 뉴펀들랜드 섬의 어부들이었어요. 억세고 튼튼한 이들은 해안의 작은 마을에 살면서 할아버지와 증조할아버지가 하던 방식대로 스키프(skiff)라는 작은 나무배를 타고 바다로 나가 물고기를 잡았어요. 이들은 매듭을 지은 밧줄로 만든 덫을 바닷속에 던져 넣고는 그 속에 물고기가 가득 차길 기다렸다가 건져 올리는 방법으로 물고기를 잡았습니다. 또는 미끼를 단 낚시로 일일이 물고기를 낚아 올렸습니다. 북극의 거대한 얼음덩어리에서 떨어져 나온 빙산이 둥둥 떠다니는 차가운 바다에서 이런 식으로 물고기를 잡는 것은 아주 위험한 일이었어요. 물이 너무 차가워서 혹시 **빠지기라도** 하면 몇 분 안에 얼어 죽고 말거든요.

그런데 갈수록 잡히는 물고기의 수가 점점 줄어들었어요. 그러자 그들은

뉴펀들랜드 섬의 대구 어부들은 수백 년 동안 그랜드뱅크스의 차가운 바다에서 도리(dory)라는 작은 배(바닥이 평평하고 옆면이 높은 배)를 타고 용감하게 대구를 잡았다. 하지만 도리는 큰 파도에는 속수무책이었다.

먼 바다까지 나가 물고기를 닥치는 대로 잡는 커다란 새 어선들 때문이라고 생각했어요. 그 당시에는 연안 지역의 물고기만 사라지고 있었기 때문에, 깊은 바다에서 물고기를 잡는 어부들은 그 문제에 별로 신경을 쓰지 않았습니다.

저인망 어선들이 북해를 파괴하기 시작한 지 100여 년이 지난 1980년대에도 많은 사람들은 그랜드뱅크스의 대구 개체군은 위험하지 않다고 생각했어요. 왜냐하면, 그 개체군은 세상에서 가장 풍부한 어류 개체군이었기 때문이지요.

스키프 어부들은 과학자들에게 호소했고, 많은 과학자들은 그들의 의견에 동의했어요. 하지만 정부를 위해 일하는 과학자들은 그랜드뱅크스의 대구 개체군이 위험하지 않다고 보고했어요.

물고기가 많이 잡혔고, 그와 함께 돈을 많이 벌었기 때문에 정부는 낡은 기술에 의존하는 일부 스키프 어부들의 말에 귀를 기울이려 하지 않았지요. 많이 잡히는 물고기는 200해리 배타적 경제 수역을 선포하기 이전에는 일자리가 없었던 많은 사람들에게 바다에서 물고기를 가공하는 일자리를 제공했어요. 캐나다 어선단은 이전보다 훨씬 많은 대구를 잡고 있었기 때문에, 먼 바다에는 대구가 아주 많이 있는 것처럼 보였어요.

하지만 그들은 다른 가능성에 대해서는 전혀 생각도 하지 않았어요. 즉, 물고기가 많이 잡히는 것은 물고기가 많아서가 아니라 물고기를 있는 대로 몽땅 잡아들이기 때문일 수도 있다는 사실을요.

뉴잉글랜드의 해양생물학자인 랠프 메이오는 어류 개체군의 크기를 가늠하는 일을 빙산의 크기를 가늠하는 것에 비유했어요. 물 밖으로 드러난 빙산은 전체 크기의 10%에 불과하다는 사실은 잘 알려져 있어요. 나머지 90%는 수면 아래에 잠겨 있지요. 메이오는 이 문제를 '지각(知覺) 문제'라고 불러요. 그리고 물고기의 경우, "일부 물고기를 보고 그것이 물 밖으로 드러난 빙산의 일부라고 생각하지만, 사실은 그게 전부 다일 수 있다."라고 말했어요.

대구의 경우, 실제로 드러난 대구가 전부 다였어요. 현대 어업이 아주 강력하고 효율적이어서 그랜드뱅크스에 남아 있는 물고기 개체군 중 마지막 한 마리까지 잡았지만, 어부들은 그 개체군이 죽어 간다는 사실조차 몰랐어요.

그랜드뱅크스의 대구는 한동안 아주 많이 잡혔지만, 어느 순간 갑자기 더 이상 잡을 대구가 남아 있지 않았어요.

그래서 1992년에 캐나다 수산부 장관 존 크로스비는 그랜드뱅크스의 대구 개체군이 거의 사라졌다고 선언했어요. 그리고 대구 개체군이 회복되기 전까지 그랜드뱅크스에서 대구잡이를 금지한다고 발표했습니다. 뉴펀들랜드 섬의 어부 3만 명은 당장 일자리를 잃었어요. 그리고 섬 전체가 가난에 허덕이게 되었어요.

1994년에는 어획 금지 조처가 그 지역의 거의 모든 어장으로 확대되었어요. 사람들은 이 금지 조처가 일시적인 것에 그칠 거라고 생각했지만, 15년 이상이 지난 뒤에도 대구 개체군은 회복될 낌새를 보이지 않았고, 뉴펀들랜드 섬의 주민들은 이전의 생업으로 돌아갈 수 없었어요. 물론 아직도 대구가 있긴 하지만, 이전과 같은 크기의 개체군으로 불어나지 않았어요. 어쩌면 대구는 먹이 사슬에서 자신의 자리를 잃고 다른 동물들이 대구의 먹이를 먹어 치우는지도 몰라요. 어쩌면 다윈이 이야기한 것처럼 대구 개체군은 종을 유지하기 힘들 만큼 그 수가 크게 줄어들었는지도 몰라요. 다윈은 희귀성은 멸종으로 이어진다고 분명히 말했지요.

하지만 이제 근본적인 논쟁은 해결된 것으로 보여요. 남획은 정말로 큰 위협 요인이며, 사람들의 무분별한 행동을 제한하지 않으면 아무리 큰 개체군도 영원히 사라질 수 있다는 사실을 이제 아무도 부인하지 않아요.

이제 논쟁의 초점은 남획이 물고기 개체군 감소의 원인이냐 아니냐 하는 것에서 그런 일이 일어나는 걸 막으려면 무엇을 해야 하느냐로 옮겨 갔어요.

6장

물고기 잡는 것을 그냥 그만둘 수 없는 이유

"……파괴를 조금이라도 줄여 보라. 그러면 종의 개체수는 순식간에 크게 불어날 것이다."
—찰스 다윈, 『종의 기원』 중에서

바다에 물고기가 다시 불어나도록 돕는 가장 간단하고 확실한 방법은 우리가 물고기 잡는 것을 그만두는 것이에요. 사람들이 물고기를 그만 잡는다면 먹이 사슬에서 중요한 포식자(인간)가 사라지는 효과를 가져올 거예요. 그런데 그렇게 하면 단기적으로는 물고기의 개체수가 늘어날지 몰라도, 갑자기 해양 생태계에서 주요 포식자가 사라졌을 때 그것이 자연의 질서에 어떤 영향을 미칠지는 예상하기 어려워요.

게다가 물고기는 수십만 년 동안 우리의 주요 식량 공급원이었어요. 물고기는 좋은 단백질 공급원이며, 특히 의사는 심장병 환자에게 물고기, 그중에서도 중간 깊이에서 사는 물고기를 많이 먹으라고 권해요. 그리고 마지막으로, 물고기 잡는 것을 완전히 금지한다면, 많은 사람들이 생계 수단을 잃고 말 거예요.

뉴펀들랜드 섬에서 일어난 일이 이것을 잘 보여 줍니다. 1990년대에 대구 어획을 금지한 후, 뉴펀들랜드 섬 주민들은 대대로 이어 온 생활 방식을 잃고 말았어요. 단지 어부들만 일자리를 잃는 데 그치지 않고, 물고기를 가공하는 사람들과 판매하는 사람들, 운송하는 사람들까지 일자리를 잃었지요. 주민들은 대부분 실업자가 되어 캐나다 정부가 주는 보조금을 받으며 근근이 살아갔어요.

그래도 대구는 돌아오지 않았고, 주민들의 삶은 돌이킬 수 없게 바뀌고 말았어요. 전에 대구가 살던 곳에 지금은 게가 살아요. 포식자인 대구가 사라졌기 때문에 게가 빈 자리를 채운 것인지, 아니면 게는 이전부터 살고 있었는데 대구가 사라지기 전에는 눈에 띄지 않았던 것인지는 어부들도 잘 몰라요.

대구 450g당 18.5캐나다달러를 받던 연안 어부들은 이제 같은 무게의 게를 1.6캐나다달러에 받고 팔아요. 연안 어부들이 대구를 잡던 길이 9m의 스키프도 사라졌어요. 이제 연안 어부들은 스키프를 뭍으로 끌어올려 잡초 속에 버려 두고는, 더 큰 배를 사서 더 먼 바다로 나가 미끼를 단 덫을 놓아요. 또 게도 잡기 시작했어요. 저인망 어선들은 고물(배의 뒷부분)에 설치된 그물 감는 장치를 없애고, 배 양 옆에 게잡이 덫을 끌어올리는 도르래를 설치했어요. 생선 가공 공장은 게살 가공 공장으로 변했어요. 하지만 게를 잡을 수 있는 기간은 여름철 두 달로 제한되었고, 어획 허가를 받은 배 한 척당 잡을 수 있는 게도 약 1만 2000kg으로 제한되어 있어요.

뉴펀들랜드

섬은 환경만 잃은 게 아니라 문화까지 잃었어요. 사람도 자연의 일부이기 때문에 인간 사회가 생물계와 똑같은 자연 법칙을 따르는 것은 놀라운 일이 아니에요. 종들이 살아남고 번성하려면 다양성이 필요한 것과 마찬가지로, 인류 문명 역시 살아남고 번성하려면 다양한 문화와 생활 방식이 필요해요. 우리는 지금 문화와 생활 방식이 놀라운 속도로 사라져 가는 세계에서 살고 있어요. 미국만 해도 매년 농촌에서 수천 가구가 사라져 가고 있어요. 그와 함께 사람과 땅의 관계, 농촌 생활의 성격, 우리가 먹는 음식의 종류가 변하고 있어요. 온라인 쇼핑은 소매상인들의 문화를 위협하고 있어요. 세계 곳곳에서 많은 언어가 사라져 가고 있어요. 7000여 가지의 언어 중에서 지금 현재 보편적으로 사용되고 있는 것은 83가지뿐이에요. 언어학자들은 지구에서 언어가 2주일에 하나씩 사라져 가고 있다고 말해요.

물고기뿐만 아니라 많은 것이 사라질 위기에 놓여 있어요. 어부들 역시 사라질 위기에 놓여 있어요.

동물 종과 마찬가지로 어떤 것이 사라질 위기에 처하면, 무엇이 그 자리를 대신 차지할지 생각해 볼 필요가 있어요. 어부의 경우에는 관광이 그 자리를 대신할 것처럼 보여요.

뉴펀들랜드 섬에서는 이미 그런 일이 일어났어요. 모든 어촌의 잡화점과 작은 가게에서는 관광객에게 기념품을 팔기 시작했어요. 어떤 종류의 기념품을 팔까요? 바로 대구를 소재로 한 것들이에요. 대구 모자, 대구 티셔츠, 대구 모양의 초콜릿, 대구 모양의 쿠키, 대구 장식품과 조각품과 명함꽂이 같은 걸 팔고 있어요. 한 종류의 대구 쿠키에는 '멸종 위기 종'이라는 글자가 새겨져 있어요. 게다가 관광객이 찾는 식당들은 대구를 수입해서 내놓는 웃지 못할 일도 일어나고 있어요. 뉴펀들랜드 섬을 찾아온 사람들이 대구를 먹어 보길 원하기 때문이지요.

캐나다 공원관리청이 한때 연안 어업 기지였던 보나비스타 만을 관광객을 끌어모으기 위해 수생 생물 보전 구역으로 정하려고 하자, 어부들이 거세게 들고일어났어요. 그것은 어부들이 가장 두려워하는 시나리오였기 때문이에요. 만약 그렇게 된다면, 그들의 배는 박물관에 전시되는 유물 신세가 될 테고, 어장은 해양 생물을 구경하는 장소로 변할 게 뻔했어요. 거대한 아프리카 평원이 관광객들이 동물을 구경하러 가는 장소로 변한 것처럼요.

보나비스타 만의 어부들은 자신들의 미래를 바꾸어 놓을 이 계획에 격렬하게 반대했고, 결국 그 계획은 취소되었어요.

관광 산업과 어업 사이의 이러한 갈등은 사실상 연안 지역의 성격과 문화를 놓고 벌어지는 싸움인데, 전 세계의 많은 해안 지역에서 나타나고 있어요.

어업은 옛날부터 늘 사람들을 끌어들였어요. 많은 예술가와 작가가 유명한 어항에 매력을 느껴 찾아갔지요. 현대 미술에서 중요한 회화 유파인 야수파는 1905년 5월에 프랑스 화가 앙리 마티스(1869~1954)와 앙드레 드랭(1880~1954)이 지중해의 멸치잡이 어항으로 유명한 콜리우르로 가 화려한 색깔의 어선들을 보고 그것을 순수하고 밝은 색으로 그리면서 탄생했어

야수파
20세기 초 프랑스에서 일어난 회화의 한 유파. 강렬한 표현과 과감한 원색을 사용한 것이 특징이며, 마티스, 루오, 브라크 등이 대표적 작가이다.

콜리우르 항구

프랑스 남서부에 있는 콜리우르 항구에 정박된 밝은 색의 어선들은 앙리 마티스와 앙드레 드랭에게 큰 영감을 주어 과감한 색과 넓은 붓질을 사용한 그림을 그리게 했다. 이것은 야수파 운동으로 발전하는 계기가 되었다.

요. 러디어드 키플링(1865~1936)이 쓴 『캡틴스 커레이저스(Captains Courageous)』는 우연히 그랜드뱅크스로 출항하는 글로스터의 스쿠너에서 일하게 된 소년에 관한 이야기이고, 허먼 멜빌(1819~1891)이 쓴 미국의 고전 『모비 딕(Moby Dick)』은 고래 어장인 뉴베드퍼드와 낸터킷을 무대로 이야기가 시작합니다.

이처럼 어업은 바다가 있는 나라들의 문화에서 항상 중심이 되었어요.

얼핏 생각하기에는 관광과 어업은 얼마든지 공존할 수 있을 것처럼 보여요. 관광객도 예술가처럼 어항을 둘러보는 걸 좋아해요. 그러나 해안 지역의 공간을 놓고 관광과 어업의 이해가 서로 충돌합니다. 요트 소유주는 어선보다 항구 정박 시설이나 선거(선박의 건조나 수리 또는 짐을 싣고 부리기 위한 설비) 이용 요금을 더 비싸게 낼 수 있어요. 결국에는 모든 것을 놓고 양쪽이 경쟁을 벌이게 되지요.

어업이 사라진 세계는 우리가 상상하기 힘들 만큼 아주 슬픈 곳이 될 거예요.

해안선은 그 본래의 의미를 잃을 것이고, 바닷가 지역에 사는 사람들은 문화와 주요 수입원을 잃게 될 거예요. 그런 생활 방식은 수천 년 동안이나 환경을 파괴하거나 자연을 거스르지 않고 이어져 온 것인데 말이에요. 그래서 정부와 어부와 과학자는 물고기를 사라지게 하지 않고 계속 잡을 수 있는 방법을 찾기 위해 서로 협력할 필요가 있어요.

그 목표는 큰 어류 개체군을 그대로 유지하면서(그리고 많은 물고기가 크게 자랄 수 있게 하면서) 물고기를 계속 잡을 수 있는 방법을 찾는 데 있어요. 만약 그런 방법만 발견한다면, 어류 개체군은 충분히 많은 새끼를 낳고 자라게 하여 어부들이 붙잡는 물고기를 보충하고도 남을 것이기 때문에 어업을 영원히 계속할 수 있어요.

> 이것을 지속 가능한 어업이라고 불러요. 이것이야말로 물고기 남획 문제를 해결할 수 있는 궁극적인 답이에요.

문제는 어떻게 하면 지속 가능한 어업을 할 수 있느냐 하는 것이에요. 수천 년 동안 우리는 지속 가능한 어업을 해 왔어요. 그러나 지금은 우리가 어업으로 잡는 바다 생물이 매년 1억~1억 2000만 톤이나 됩니다. 바다 생물은 이러한 손실을 보충할 만큼 그렇게 빨리 번식하지 않아요. 따라서 뭔가 조처를 취하지 않으면 안 됩니다.

7장
네 가지 해결책, 그리고 그것만으로 부족한 이유

"두 장소에서 각각 최적자인 개체들이 계속 보전되면서 두 변종이 서서히 나타날 것이다. 이 두 변종은 서로 만나는 곳에서는 교배가 일어나 섞일 것이다."
— 찰스 다윈, 『종의 기원』 중에서

물고기 양식을 한 가지 해결책으로 생각할 수 있어요. 가축을 사육함으로써 야생 동물 개체군을 고갈시키지 않고 전 세계의 고기 수요를 공급할 수 있는 것처럼 물고기도 양식함으로써 물고기 개체군을 보전할 수 있지 않을까요?

만약 어떤 물고기 개체군을 소처럼 키울 수 있다면, 야생 자연에서 살아가는 종을 보호하는 데 도움이 되지 않을까요? 야생 자연에서 살아가는 물고기를 붙잡아 연못 같은 곳에 가두어 놓고 기름으로써 그 물고기를 계속 공급한다는 생각은 새로운 것이 아니에요. 중국인은 이미 4500년 전부터 민물고기인 잉어를 양식해 왔어요. 그 먹이로는 비단을 짜는 명주실을 얻으려고 기른 누에 번데기를 사용했지요. 고대 히브리인과 이집트 인도 연못에서 물고기를 양식했다는 증거가 남아 있어요. 고대 로마 인도 물고기와 굴을 양식하는 방법을 개발했지요.

물고기 양식은 어떻게 보면 좋은 아이디어처럼 보여요. 하지만 자세히 검토해 보면, 양식 물고기를 사람들에게 공급하는 것은 야생 물고기를 보호하는 데 별로 도움이 되지 않아요. 양식 물고기에게는 야생 물고기를 먹이로 주는데, 그러기 위해 공장만한 크기의 저인망 어선들이 물고기를 닥치는 대로 잡아들여요. 잡은 물고기는 갈아서 생선 가루로 만든 뒤에 다시 꽉 눌러 생선 펠릿으로 만들어 양식장의 물고기에게 주어요. 연어의 경우, 양식 연어 1kg을 생산하려면 그 먹이로 야생 물고기 4kg이 필요하다는 계산이 나와요.

거기다가 진화와 관련된 문제도 있어요. 동물은 환경에 적응해 변해 가는 능력이 있지요.

> **펠릿**
> 식품이나 약품을 단단하게 뭉쳐 만든 작은 알갱이 또는 덩어리.

오록스
(*Bos primigenius*)
소의 조상인 오록스는 유럽, 아시아, 북아메리카 등지에서 살았지만, 1627년에 멸종했다.

우리는 이미 포유류 동물을 가축화하고 사육하는 과정에서 그것을 분명히 보았어요. 오늘날 개는 그 조상인 늑대하고는 다른 점이 많아요. 소도 발이 빠르고 난폭한 동물인 오록스하고 다른 점이 많아요(소의 조상인 오록스는 사람들에게 사냥당하다가 수백 년 전에 멸종했어요).

양식 물고기가 야생에서 살아간 조상과 다른 점이 많은 것은 당연해요. 사방이 막힌 좁은 양식장에서 많은 수가 밀집해서 살아가고, 야생에서 살아가는 사촌과는 달리 헤엄도 덜 치기 때문에 근육 조직도 달라질 수밖에 없어요. 어떤 종은 생김새마저 야생에서 살아간 조상과 아주 달라요. 양식 줄무늬농어는 몸에 난 검은색과 은색의 줄무늬를 빼고는 자연산 줄무늬농어와 아주 달라 보여요. 양식 줄무늬농어는 자연산 줄무늬농어에 비해 크기가 훨씬 작고 머리도 더 뾰족하고 몸통이 더 짧아요.

하지만 더 큰 문제는 양식 물고기가 야생 생존 능력을 잃는다는 데 있어요. 양식장의 환경은 생존 경쟁이 치열한 야생 자연과 달라요. 포식동물도 없고, 폭풍이나 온도 변화 같은 영향도 거의 받지 않지요.

야생 자연으로 돌려보낸 양식 물고기는 바다에서 살아가는 법을 알지 못해요.

양식 물고기가 야생 물고기와 짝짓기를 해 태어난 새끼 역시 생존 능력이 부족할 수 있어요. 그래서 연어는 알을 낳기 위해 자신이 태어난 강으로 되돌아가지 못할 수도 있어요. 대구는 아북극 지역의 차가운 물에서 몸을 보호하기 위해 분비하는 효소가 나오지 않을지도 몰라요. 따라서 우연히 양식 물고기 몇 마리만 야생 자연으로 흘러나가더라도, 그 유전자가 퍼져 나가 전체 야생 개체군이 위험해지는 상황이 벌어질 수 있어요.

게다가 과밀 상태의 양식장에서는 많은 양의 노폐물(화학 물질을 포함해)이 나와 주변 바다를 오염시켜요. 양식업자들도 이러한 문제들을 잘 알고 있고, 식물 먹이를 사용하는 것과 같은 방법으로 문제를 해결하려고 노력해요. 하지만 그런 방법은 양식 물고기를 야생 물고기와 더욱 달라지게 하여 그 종의 진화에 훨씬 나쁜 영향을 끼칠 수 있습니다.

게다가 양식은 물고기를 보전하는 데에는 도움이 될지 모르지만, 어장을 보전하는 데에는 아무 도움이 되지 않아요.

양식이 좋은 해결 방법이 아니라면, 어부들이 잡을 수 있는 물고기의 양을 제한하는 방법은 어떨까요?

어부들이 물고기를 너무 많이 잡는 게 문제라면, 어부들에게 물고기를 적게 잡으라고 말하는 게 적절한 해결 방법으로 보여요. 실제로 그런 노력도 기울였어요. 하지만 이것은 결코 간단한 문제가 아니에요.

어부들에게 그냥 물고기를 적게 잡으라고 말하는 것만으로는 충분치 않아요. 그것을 어겼을 경우 벌칙을 줄 수 있는 제도가 있어야 해요.

각각의 어장에서 각 종의 물고기를 얼마만큼 잡을 수 있는지 구체적인 수치를 정해야 하고, 그것도 물고기 개체군의 크기 변화에 따라 늘 변해야 해요. 그런데 어떤 어장에 서식하는 각 종의 개체군 크기는 정확하게 어떻게 알 수 있을까요? 물고기를 일일이 눈으로 확인할 수도 없을뿐더러 물고기는 늘 이리저리 돌아다니기 때문에 그것을 파악하는 것은 쉬운 일이 아니에요. 과학자들은 일정 지역에서 그물로 물고기를 잡아 그 수를 센 뒤에 그것을 기준으로 전체 개체군의 크기를 계산하는 방법을 씁니다. 하지만 이 방법은 정확한 것이 아니어서 실수가 일어날 수 있어요. 때로는 개체군의 크기를 실제보다 높이 평가하여 잡을 수 있는 물고기의 양을 지나치게 많이 정하기도 해요. 아이슬란드는 수십 년 동안 대구 개체군의 크기를 정확하게 평가해 오다가 몇 해 동안 그 크기를 너무 크게 평가하여 어부들에게 대구를 너무 많이 잡게 했어요. 이 때문에 한때 세계에서 가장 좋은 어장 중 하나였던 아이슬란드의 어장이 큰 위기를 맞이했지요.

개체군의 크기는 계속 평가해야 하는데, 날씨 변화뿐만 아니라 물고기 개체군과 그 물고기를 잡아먹는 포유류와 조류 개체군의 변화, 그리고 심지어 이들 동물이 먹는 먹이 공급의 변화까지도 고려해야 합니다.

'어획량 쿼터'라 부르는 이 방법의 두 번째 문제점은 잡혀 올라오는 물고기가 대부분 이미 죽었다는 데 있어요.

그래서 만약 잡힌 물고기가 할당된 쿼터보다 많을 경우, 죽은 물고기를 도로 바닷속으로 던져 버려요. 어부는 생선을 이렇게 낭비하는 걸 싫어하지만, 바로 이 법 때문에 매년 수백만 kg의 물고기가 바다로 버려지고 있어요.

이 법은 또한 어부들에게 물고기를 낭비하도록 부추겨요. 물고기를 많이 잡은 어부는 휴대 전화로 시장에 전화를 걸어 그날 팔리는 물고기들의 가격을 물은 뒤에 값싸게 팔리는 종류는 그냥 바다로 던져 버려요. 낮은 가격에 팔리는 물고기에 쿼터를 쓰면 손해이기 때문이지요.

또 다른 문제는 쿼터제 때문에 어부들이 새로운 어종에 눈길을 돌린다는 점이에요. 뉴잉글랜드 지역에서 바로 이런 일이 일어났어요. 대구 쿼터가 적게 할당되면 어부들은 생물학적으로 대구와 같은 과(科)에 속한 해덕대구를 잡았어요. 다윈은 서로 가까운 종들 사이에서 경쟁이 특히 치열하다고 지적했지요. 왜냐하면, 가까운 종들은 먹이도 비슷하기 때문이에요. 그런데 어부들이 많은 대구를 죽임으로써 자연의 생존 경쟁에 간섭하자, 해덕대구 개체군이 크게 불어났어요. 글로스터처럼 대구 어항으로 유명한 항구들이 지금은 해덕대구 어항으로 변했어요. 하지만 대구 개체군이 회복되기 전에 어부들이 해덕대구를 너무 많이 죽이면, 먹이 사슬 중 큰 부분이 돌이킬 수 없는 피해를 입어 전체 생태계의 균형이 무너질 수 있어요.

게다가 부수 어획 문제도 있어요.

그물을 끌며 물고기를 잡는 작업이 완전히 과학적으로 이루어지는 것은 아니에요. 비록 어부들은 그물의 깊이를 조절하고 그 밖의 요소들을 고려하여 목표로 하는 종을 잡으려고 하지만, 그물에는 항상 다른 어종도 함께 잡혀요. 목표 어종과 함께 다른 어종이 함께 잡히는 것을 부수 어획이라고 해요. 부수 어종의 수는 어장의 생물 다양성에 따라 달라요. 어떤 곳에서는 부수 어종이 한두 종만 잡히지만, 여러 해양 생태계가 만나는 영국 남서부의 콘월 지방 앞바다에서는 부수 어종이 20여 종이나 잡혀요.

새우잡이 어선의 그물에 끌려 올라온 부수 어종
과학자들은 새우 1kg을 잡을 때마다 함께 잡혀 낭비되는 부수 어종이 최대 12kg이나 된다고 평가한다.

　부수 어획은 규제 당국에게 커다란 골칫거리를 안겨 줍니다. 어부들은 부수 어획을 피할 수가 없는데, 우연히 잡힌 부수 어종을 모조리 다 내다 버리는 것은 큰 낭비이기 때문이지요. 뉴잉글랜드 지역에서는 일반적으로 부수 어획을 허용하는 쪽을 선택했어요. 예를 들면, 가자미를 목표로 조업을 했다 하더라도, 그물에 함께 올라온 다른 물고기(예컨대 대구)를 잡는 것도 허용하는 것이지요. 하지만 목표 어종보다 부수 어종의 양이 더 많으면 어떤 게 진짜 목표 어종인지 대답해야 합니다. 미국은 2007년에 부수 어획량에도 쿼터제를 도입했어요.

2007년, 영국 정부는 5년간의 조사 끝에 할당된 쿼터를 초과해 물고기를 잡았다는 이유로 콘월 지방의 어부와 선주 17명을 기소했어요. 늘린 항구에서 출어한 어선 여섯 척은 이미 죽은 물고기를 버리기가 아까워 쿼터를 초과한 대구와 민대구와 아귀를 쿼터가 적용되지 않는 몰바대구, 대문짝넙치, 농어라고 속였거든요. 그런데 이들을 붙잡는 데 5년이나 걸렸다는 사실은 규제 당국이 물고기에 대해 잘 모른다는 걸 말해 줍니다.

콘월 지방의 어부들은 자신들의 죄를 부인하진 않았지만, 근근이 살아가는 형편에 어차피 죽은 물고기를 그냥 버릴 수 없었다고 항변했어요. 그중에서 전직 경찰 출신인 스티브 힉스는 런던의 「가디언」과 한 인터뷰에서 "우리가 저지른 일이 잘못이라는 것은 알고 있었습니다. 하지만 탐욕에서 그런 게 아니라, 단지 먹고 살기 위해 그랬을 뿐입니다."라고 말했어요. 영국 정부 대변인은 이 사건을 "남획을 막기 위한 노력에서 거둔 큰 성공"이라고 표현했는데, 정부 입장에서는 그렇게 볼 수도 있겠지요. 하지만 생물학적 관점에서 본다면, 과연 그런지 의심을 품을 수 있어요. 어선 선장인 드루 데이비스는 한번은 출어했을 때 죽은 대구를 1000마리나 도로 바다로 던져 넣어야 했다고 말했어요. "어부에게 그것보다 더 싫은 일은 없어요."

어획량

쿼터제의 대안으로 물고기를 잡는 기간을 제한하는 방법이 있어요. 그런데 이 방법은 미국 어부들에게는 특히 가혹한 조처가 되고 말았는데, 일 년 중 물고기를 잡을 수 있는 기간이 제한될 뿐만 아니라(많은 어부는 일 년에 50일 미만만 허용되었어요), 쿼터제 때문에 잡을 수 있는 물고기의 양도 제한을 받았기 때문이지요.

어부들에게 물고기를 잡지 못하게 하는 것은 수산업계에 치명적인 타격을 줍니다.

사실, 사람들에게 일을 못 하게 하면 어느 사회나 큰 타격을 받을 수밖에 없어요. 어부는 본래 일을 아주 많이 해야만 하는 직업인데, 일 년에 두 달만 일하라고 한다면 먹고 살기가 무척 힘들 거예요. 어선을 유지하고 관리하는 데에도 비용이 많이 드는데, 50일만 일을 한다면 어선을 유지하는 비용을 감당하기조차 힘들 수 있어요.

허용되는 출어 기간은 어획 장비의 종류를 비롯해서 여러 가지 요인에 따라 달라져요. 이 출어 기간 제한 조처가 처음 시행되었을 때 어선이 바다에 나간 날수는 어획 작업을 한 날들의 비율로 결정했기 때문에, 어부의 입장에서는 가장 파괴적인 어획 방법인 대형 저인망 어선을 사용하는 게 유리해요. 이러한 어선은 몇 주일이고 바다에서 머물면서 최대한 오랫동안 작업을 할 수 있어요.

높은 연료 가격과 함께 출어 기간 제한 때문에 어부들은 먼 어장으로 오고 가면서 귀중한 시간을(연료도) 낭비하기보다는 연안 가까이에서 물고기를 잡으려고 해요. 문제는 어느 지역에 어획이 집중될 경우, 그 지역에 아주 나쁜 영향을 미칠 수 있다는 점이에요.

어부들은 출어 기간 제한을 피할 수 있는 방법을 찾으려고 애썼어요. 어선을 여러 척 구입하거나 여러 선주와 동업자 관계를 맺는 방법도 있어요. 그러면 한 배에 할당된 출어 기간이 끝나더라도 다른 배를 타고 다시 몇 달 동안 물고기를 잡을 수 있거든요. 실제로 아이슬란드에서 그런 일이 일어났어요. 마침내 정부도 많은 어선단을 제대로 활용하지 못한 채 항구에 정박시켜 놓는 것은 낭비라고 생각해 출어 기간 제한 제도를 폐지했어요.

어떤 어부들은 걸그물이라고도 부르는 자망을 사용했어요. 자망은 바다에서 물고기 떼가 지나다니는 길목에 쳐 놓는 그물로, 오래된 어획 방법이에요. 그물속으로 들어온 물고기는 그물코(그물에 뚫려 있는 구멍)에 걸려 빠져 나가지 못하고 잡히지요. 이 방법의 장점은 그냥 그물을 바다에 쳐 놓고 떠났다가 나중에 돌아와서 물고기를 건져 올리기만 하면 된다는 데 있어요. 그러면 출어 기간이나 연료를 전혀 쓰지 않고도 물고기를 잡을 수 있습니다.

하지만 자망은 환경에 해를 끼치는 문제가 있어요. 자망은 낭비가 심해요. 물고기를 무차별적으로 잡을 뿐만 아니라, 때로는 그물이 떠내려가 바다를 떠돌면서 물고기를 계속 잡아요. 그러다가 물고기의 무게를 못 이겨 바닥으로 가라앉으면, 잡힌 물고기들은 다른 동물의 먹이가 되지요.

뉴잉글랜드 어부들은 자율 규제를 시험해 보았어요. 한 어부 집단은 뉴잉글랜드에서 어획이 허용되는 바닥고기 17종을 각각 정해진 양만큼만 잡기로 합의했어요. 이 집단에 속한 어부들은 연말까지 정해진 양만 잡기만 한다면, 자기가 원하는 방식으로 스스로 규제하면서 물고기를 잡을 수 있어요. 그러면 출어 기간이나 1회 출어당 어획량을 제한하지 않고서 목표를 달성할 수 있기 때문에, 붙잡은 고기를 도로 바닷속으로 던져 넣을 필요가 없어요. 이 실험은 어업을 규제하는 데에는 어부들이 정부보다 훨씬 낫다는 믿음을 뒷받침해 주는 것처럼 보여요. 하지만 이들은 엄밀한 감시를 받으면서 어획 작업을 하고 있어요.

최근 대서양과 태평양에서 일부 성공을 거둔 또 한 가지 방법은 일시적으로 어장을 폐쇄하는 방법이에요. 몇 년이 지나 그곳의 물고기 개체군이 회복되면, 다시 그곳에서 어획을 허용하고, 대신에 또 다른 어장을 폐쇄하는 것이지요. 이 방법은 구획이 나누어진 어장을 많이 확보하는 게 중요해요. 한 어장을 폐쇄하면서 모든 어선을 나머지 어장으로 달려가게 만들어 그곳을 파괴한다면, 전혀 좋은 방법이 될 수 없거든요. 하지만 많은 어장을 돌아가면서 사용하면, 한 지역에서 광범위한 피해가 발생하는 것을 막을 수 있어요.

어류 개체군은 충분한 시간 동안 가만히 내버려 두면 다시 회복됩니다. 현대 유럽 역사에서 최대 어획량을 기록한 시기는 2차 세계대전이 끝난 직후였어요. 전쟁이 계속된 5년 동안 물고기를 잡으러 나선 배가 크게 줄어들었기 때문이에요. 그동안에 북대서양에서 어류 개체군이 얼마나 크게 불어났는지 유럽 사람들은 세계대전이야말로 어업을 규제하는 데 가장 효과적인 방법이라는 농담까지 할 정도였어요.

하지만 꼭 전쟁이 필요한 건 아니에요. 필요한 건 물고기를 잡지 않은 5년 동안의 시간이었지요.

유럽 사람들이 북아메리카에서 처음으로 물고기를 잡기 시작했을 때, 어류 개체군의 크기에 눈이 휘둥그레졌어요. 1497년에 뉴펀들랜드 섬 주변에서 물고기를 잡은 한 이탈리아 인은 물고기가 너무 많아 굳이 그물을 던질 필요도 없었다고 보고했어요. 그냥 물통을 물속에 넣었다가 건져 올리기만 하면 그 속에 물고기가 그득했다고 해요. 1602년에 바솔로뮤 고스놀드라는 영국인은 그 당시에 약재로 쓰이던 사사프라스나무를 찾아 아메리카

탐험에 나섰다가 오늘날의 매사추세츠 주 동남쪽에 있는 반도를 케이프코드(Cape Cod, '코드 곶'이란 뜻)라고 이름 붙였어요. 코드(cod)는 '대구'란 뜻인데, 반도를 돌아가려고 할 때 엄청나게 많은 대구 떼 때문에 항해를 하는 데 고생을 해 그런 이름을 붙였다고 합니다.

유럽 인이 오기 이전에 아메리카의 바다에 물고기가 그렇게 많이 넘쳐난 이유는 아메리카 원주민은 유럽 인과 달리 대규모 상업적 어업을 하지 않았기 때문이에요. 그들은 단지 그날 먹을 수 있는 양만 잡았어요.

> 어장을 몇 년 동안 폐쇄하면 그곳의 물고기 개체군은 대부분 회복됩니다. 하지만 얼마나 오래 기다려야 하는지는 알기가 어려워요.

그리고 개체군이 극심한 피해를 입었다면, 시간이 아무리 흘러도 회복하지 못할 수도 있어요. 캐나다의 그랜드뱅크스가 바로 그런 경우처럼 보여요.

그래도 어장을 폐쇄하는 방법은 전망이 아주 밝아 보입니다. 다만, 이 방법은 사람들의 계산을 바탕으로 한다는 점이 단점이에요. 폐쇄해야 할 구역을 어디로 정할지, 언제부터 폐쇄해야 할지, 어느 곳부터 먼저 폐쇄해야 할지, 그리고 언제 다시 개방할지 하는 것 등을 모두 우리가 결정해야 해요. 이것들은 모두 어려운 결정이에요. 또 이 규제 방법으로 성공을 거둔 사례가 많이 있지만, 실패한 사례도 있어요. 진짜 문제는 우리가 자연을 너무 빨리 너무 심하게 훼손했기 때문에 더 이상 실수를 저지를 여유가 없다는 데 있어요.

어업을 관리할 때 흔히 저지르는 큰 실수 한 가지는 각각의 종이 지닌 문제를 따로 바라보는 것이에요. 만약 대구의 수가 줄어든 반면 청어의 수가 늘어났다면, 이 두 가지 사건은 아무 관계가 없는 게 아니에요. 왜냐하면 대구는 청어를 잡아먹기 때문이에요. 하지만 해양 생태계를 책임지고 관리하는 사람은 아무도 없어요. 어업을 관리하는 정부 관리들은 자연에서 일어나는 모든 일은 나머지 모든 일에 영향을 미친다는 사실을 망각할 때가 많아요. 아무도 모르는 사이에 생태계에 큰 구멍이 생길 수 있어요. 예를 들면, 과학자들은 갑자기 멕시코 만에서 많은 상어가 사라지고, 뉴잉글랜드 지역에서 대형 가오리처럼 생긴 포식동물인 홍어가 사라진다는 사실을 알게 되었어요. 하지만 상업적 가치가 별로 없는 이 동물들에 아무도 관심을 갖지 않아 그동안 별로 관찰을 하지 않았어요. 이들이 사라진 이유는 부수 어획 때문이었습니다.

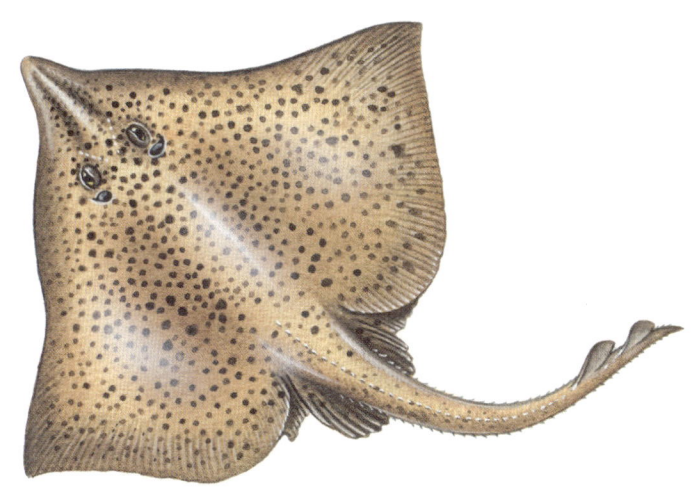

광문홍어
(*Dipturus laevis*)

북대서양에 사는 홍어 중 큰 종류인 광문홍어 개체군은 지난 50년 사이에 크게 줄어들었다. 저인망 어선의 무차별적인 어획으로 인한 부수 어획이 주요 원인이었다. 세계보전연맹은 이 종을 멸종 위기 종으로 분류하고 있다.

브리티시컬럼비아 대학의 과학자이자 어자원 평가 전문가인 대니얼 폴리는 "생태계를 기반으로 한 관리"를 주장하는 사람들 중 한 명이에요. 하지만 이 개념은 사람들 사이에 아주 느리게 퍼져 나가고 있어요. 어자원을 관리하는 공무원들은 다윈을 읽을 필요가 있어요.

크램과 에일리 이야기(8)

8장

남획을 막는 최선의 방법: 지속 가능한 어업

"그런 단순한 시작으로부터 매우 아름답고 경이로운 행태들이 끝없이 진화해 왔으며, 지금도 진화하고 있다. 생명에 대한 이러한 견해는 실로 장엄하고 놀랍다."
—찰스 다윈, 『종의 기원』 중에서

현대 어업의 문제는 여러 가지지만 그중 많은 것은 장비가 너무 효율적으로 발전한 데서 생겨났어요. 문제는 한번 개발된 기술은 없애기가 아주 어렵다는 데 있어요. 그 기술이 편리한 것이라면 사람들이 계속 원하기 때문이지요.

여름들어 자동차의 해로운 효과에 대한 연구가 많이 나왔지만, 자동차를 금지하려는 사회는 없어요. 많은 사람들이 그것만으로는 부족하다고 주장하는데도, 단지 일부 종류의 자동차와 기술만 금지하는 데 그쳤지요.

어업 기술을 제약하는 것은 먼 옛날부터 당연하게 받아들여 왔어요. 이미 중세에도 어부들은 그물로 어린 물고기를 너무 많이 잡으면 물고기 개체군이 사라질지 모른다고 염려하여 작은 물고기가 빠져 나갈 수 있게 그물코의 크기를 늘렸어요. 하지만 현대의 저인망 어업에서는 그물코를 크게 해도 별로 소용이 없어요. 그물에 너무 많은 물고기가 걸리기 때문에 작은 물고기가 큰 물고기들을 헤치고 그물 뒤쪽까지 빠져 나가기가 어렵거든요. 만화 영화 〈니모를 찾아서〉를 보면, 작은 물고기가 그물을 빠져 나가는 게 얼마나 힘든지 보여 주는 장면이 나와요.

어획 장비 규제에 관한 법 중에는 큰 해를 끼치는 어선, 즉 저인망 어선을 겨냥한 것이 많아요. 저인망 어선이 처음 발명된 뒤, 저인망 어선이 지나간 곳에는 물고기 개체군이 고갈된다는 사실은 역사가 증명해 줍니다. 20세기 초에 저인망 어선이 뉴잉글랜드에 처음 나타났을 때, 「글로스터 데일리 타임스」는 초기에 저인망 어선을 금지하지 않는다면, 저인망 어선은 어선단에서 아주 강력하고 중심적인 존재로 자리를 굳혀 결국 금지하는 게 영영 불가능해질 것이라고 경고했어요. 하지만 실제로 그렇게 되고 말았어요. 그동안 어선과 엔진 출력과 심지어 그물의 크기까지 제한하려는 노력이 있었습니다. 그러나 저인망 어선 자체를 금지해야 한다는 주장에는 어부들이 대부분 분노와 불신을 나타냈어요. 그들은 저인망 어업을 금지하면 다른 종류의 파괴적인 기술이 등장할 것이라고 이야기해요. 게다가 만약 파괴적인 기술을 금지하고 싶다면, 엔진 자체를 금지하는 게 더 나을 거라고 주장해요. 역사적으로 볼 때, 무차별적인 대량 어획은 엔진 사용과 함께 시작된 것이 분명하니까요. 그렇다면 바람의 힘에 의존하는 돛단배 시대로 돌아가야 할까요?

이것은 자동차 사용을 금지하고 대신에 말을 타고 다니자는 주장과 비슷해요.

안전 문제도 중요한 쟁점이에요. 오늘날에도 어업은 아주 위험한 직업으로 꼽혀요. 죽거나 다치는 비율은 소방관이나 경찰관보다 어부가 더 높아요. 글로스터에 세워진 한 동상에는 1623년 이후에 실종된 현지 어부의 이름이 5000명 이상 새겨져 있어요. 하지만 역사학자들은 거기에 기록되지 않은 실종 어부가 5000명은 더 있을 거라고 해요. 지금도 매년 한두 명이 이 명단에 추가되지요(주로 겨울에). 하지만 범선을 타고 다니던 시절에는 하룻밤의 폭풍에 배 수십 척과 선언 수백 명이 사라지기도 했어요. 폭풍과 파도에 휩쓸린 그들을 그 후 아무도 보지 못했지요.

아직도 어업은 아주 위험하지만, 어업의 위험을 크게 줄여 준 기술 중 하나는 바로 돛을 대체한 엔진이에요. 그 밖의 기술로는 일기 예보 능력 향상, 휴대 전화, 배가 침몰하거나 전복했을 때 어부를 물 위에 떠 있게 하고 체온을 보온해 주는 특수 구명복 등이 있어요.

미국 서해안에서는 상당히 넓은 면적의 바다에서 저인망 어업을 금지하는 데 성공했어요. 성공을 거두는 데에는 현지 주민들 사이의 외국인 혐오 정서도 도움이 되었는데, 대형 저인망 어선은 대부분 외국 배였기 때문이지요. 하지만 일부 바다에 저인망 어선이 접근하지 못하게 하는 방법을 계속 쓰기는 어려워요.

어부 기념탑
(레너드 크래스크 제작)

지난 수백 년 동안 바다에서 사망하거나 실종한 글로스터의 어부들에게 바친 이 기념탑은 1925년에 제작되었다. 기념탑 아래에 있는 설명판에는 "1623년부터 1923년까지 배와 함께 바닷속에 가라앉은 사람들"이라고 적혀 있다.

저인망 어업을 금지하는 데 가장 큰 효과를 낼 수 있는 곳은 바로 생선을 파는 시장이에요.

만약 소비자에게 그물로 잡은 생선과 낚시로 잡은 생선을 직접 보고 선택할 수 있게 한다면, 사람들은 대부분 낚시로 잡은 생선을 살 거예요. 그물로 잡은 생선은 그물속에서 수천 마리가 함께 꿈틀거리고 몸부림치고 서로 부딪치면서 그물에 긁히기 때문에 시장에 도착할 무렵에는 긁히고 다친 자국이 나 있어요.

얼마 전까지만 해도 생선을 판매하는 사람들은 잡아 온 생선을 별로 검사하지 않았어요. 하지만 지금은 '전시 경매' 방식으로 판매하는 곳이 늘어나고 있어요. 이 경매 방식에서는 모든 물고기를 종류와 어장에 따라 분류합니다. 따라서 저인망 어선이 잡아 온 대구는 낚시로 잡은 대구와 다른 상자에 넣어 팔아요.

전시 경매에서는 대개 낚시로 잡은 생선이 그물로 잡은 생선보다 더 높은 가격에 팔립니다. 그렇다면 어부는 저인망 어업 대신에 전통적인 낚시 방법으로 물고기를 잡으려는 동기가 생기겠지요. 그렇지 않아도 어부들은 물고기를 덜 잡으라는 요구에 시달리고 있으니, 물고기를 덜 잡더라도 더 많은 돈을 받는 방법이 있다면 그것을 선택하려고 할 것입니다.

그리고 한 가지 동기가 더 있어요. 오늘날 어부들은 당국의 규제를 받지 않길 바랍니다. 규제를 피해 바다를 파괴하려는 게 아니라, 그저 간섭을 받지 않고 자유롭게 물고기를 잡고 싶어서 그러는 거예요. 어부들이 세상에서 가장 위험한 직업에 종사하면서도 힘든 삶을 기꺼이 감수해 온 데에는 누구에게서 어떻게 하라는 지시와 간섭을 받지 않는 즐거움이 큰 몫을 차지했어요.

하지만 이제 그런 시절은 지나갔어요. 어부들을 제약하는 법과 규제는 단순히 쿼터나 출어 시기 제한, 물고기를 잡을 수 있는 장소 제한, 어획 장비 제한에 그치지 않아요. 그 많은 법과 규제에 어부들은 큰 부담을 느낍니다.

하지만 낚시나 작살 같은 전통적인 방법으로 물고기를 잡는 어부는 그 많은 규제에 일일이 신경 쓸 필요가 없어요. 낚시를 사용하는 어부는 저인망 어선보다 물고기를 많이 잡을 리가 없으니, 쿼터나 그 밖의 규제를 걱정하지 않아도 되거든요. 게다가 전통적인 방식으로 잡은 물고기는 저인망 어선으로 잡은 물고기보다 무게당 두세 배나 비싼 값을 받을 수 있어요. 따라서 물고기를 훨씬 덜 잡더라도 같은 돈을 벌 수 있지요. 이것이야말로 바람직한 미래가 아닐까요?

9장

오염은 어떻게 물고기를 죽이는가?

"자연의 얼굴은 1만 개의 날카로운 쐐기가 촘촘히 박혀 있고 거기에 끊임없는 타격이
가해지는 표면에 비유할 수 있다. 쐐기들은 타격을 받아 점점 안쪽으로 밀려
들어가는데, 때로는 한 쐐기에만 타격이 가해지지만, 그 다음에는
다른 쐐기에 더 강한 타격이 가해지기도 한다."
–찰스 다윈, 『종의 기원』 중에서

그래서 사람들은 온갖 규제를 동원해 남획의 폐해를 줄이려고 노력했어요. 그리고 일부 노력은 어느 정도 성공을 거두었어요. 그런데 왜 물고기 개체군들은 여전히 줄어들고 있을까요? 뭔가 잘못되어 가고 있는 게 분명해요.

파괴는 계속되고 있어요.

전 세계의 바다에서 아직도 남획이 계속 일어나고 있는 반면, 200해리 배타적 경제 수역 안에 있는 많은 전통적 어장들은 엄격한 규제를 받고 있어요. 유럽과 북아메리카의 어선단들은 대부분 규제를 잘 따르고 있습니다. 그 덕분에 여기저기서 성공 사례가 나타나고 있지만, 어류 개체군들은 만족할 만한 수준으로 회복되지 않고 있어요. 어부들이 많은 희생을 감수했는데도 불구하고, 어자원은 이전의 건강한 수준을 회복하지 못했어요.

일부 문제는 비단 어획뿐만이 아니라 우리가 저지르는 모든 활동이 해양 생태계에 영향을 미친다는 사실을 우리가 깜빡 잊어버린 데 있어요. 우리는 오래 전부터 많은 오염 물질(배설물, 쓰레기, 독성 산업 폐기물 등)을 바다에 내다 버렸어요. 보스턴, 뉴욕, 샌프란시스코뿐만 아니라 유럽과 아시아와 아프리카의 큰 항구들은 심각하게 오염되어 있어요. 그리고 이 오염 물질들은 바다로 흘러들어가지요. 농부들이 잡초와 해충을 없애려고 사용한 독성 화학 물질 역시 빗물에 씻겨 강물로 흘러들었다가 결국에는 바다로 흘러갑니다. 오염이 가장 심한 바다 지역 중 일부는 큰 강의 하구에 자리하고 있어요.

바다에는 '데드 존(dead zone, 죽음의 지역)'이라 부르는 지역이 있어요. 데드 존은 많은 식물 플랑크톤이 오염 때문에 죽어 가는 곳에 생겨요. 죽은 플랑크톤은 썩으면서 물속에 녹아 있는 산

태평양 거대 쓰레기 지대

해류들이 만나는 곳에는 쓰레기들이 집중적으로 모인 장소가 있다. 이 쓰레기들은 대부분 유기물과 달리 자연 과정으로 잘 분해되지 않는 플라스틱이다. 플라스틱은 분해되는 대신에 잘게 쪼개져 물속에 조각이나 입자 형태로 떠 있다. 이 쓰레기 더미는 플라스틱 섬이라고 부르기도 하지만, 단단한 고체 덩어리가 아니어서 그 위로 걸어다닐 수는 없다. 가끔 의자나 위성 안테나 같은 물체가 눈에 띄지만, 대부분은 작은 플라스틱 조각과 입자이다. 태평양 거대 쓰레기 지대라 부르는 가장 큰 쓰레기 더미는 일본과 미국 사이의 북태평양 지역에 있다. 주로 두 나라에서 떠내려온 쓰레기가 모여 만들어진 것이다. 이 쓰레기 더미의 크기를 많은 과학자가 평가했는데, 미국의 2배에 이른다는 주장에서부터 그 8분의 1에 불과하다는 주장까지 다양하다. 이 쓰레기 더미는 육지와 배에서 나온 쓰레기가 해류를 타고 흘러와 이곳에서 모여 안정한 덩어리를 이룬 것이다.

소를 소모하기 때문에 물속의 산소 농도가 크게 낮아져요. 물속에 산소가 없으면 당연히 물고기도 살지 못하기 때문에 이름 그대로 이곳은 '죽음의 지역'이 되는 거지요.

바다로 흘러들어간 많은 산업 오염 물질은 물속에서 분해되지 않고 돌아다니다가 식물이나 동물의 지방 조직으로 들어가 쌓입니다.

20세기에는 많은 양의 석유가 바다로 새어 나갔어요. 산업 분야에서 무분별하게 버리는 바람에 바다로 흘러들어간 양도 일부 있지만, 대부분은 사고로 흘러들어갔어요. 그중 상당수는 석유를 운송하는 거대한 배인 유조선 사고 때문에 일어났어요. 석유를 작은 배로 실어나르면 바다는 좀 더 안전해지겠지만, 석유 회사들은 그렇게 하면 석유 가격이 훨씬 비싸질 거라고 이야기해요.

일반 대중이 이 문제를 처음으로 알게 된 것은 1967년에 초대형 유조선 토리캐

니언호가 영국 앞바다에서 암초에 부딪쳐 원유 10만 톤이 바다로 흘러들어가는 사고가 일어났을 때였어요. 이 기름 유출 사고로 영국과 프랑스의 광범위한 해안 지역이 오염되어 오랫동안 큰 피해를 입었어요. 1989년에는 유조선 엑손발데즈호가 알래스카의 프린스 윌리엄 사운드에서 좌초하는 사고가 일어났어요. 북극권에서 청정 바다 지역인 이곳은 수많은 어류와 갑각류, 포유류, 조류의 천국이었는데, 이 기름 유출 사고로 북극해의 생태계가 심각한 손상을 입었어요. 엑손발데즈호 사고 이후에 미국 의회는 같은 사고가 재발하는 걸 막기 위해 새로 건조하는 유조선은 모두 선체를 이중으로 만들도록 법으로 정했지만, 이미 발생한 재난은 돌이킬 방법이 없어요. 기름 띠가 바닷가에 도착할 무렵에는 기름 성분 중 일부가 증발하여 무거운 성분만 남아 타르로 변했어요.

그러면 기름은 습지와 해변에서 바닥으로 가라앉아 오랫동안 머물러요.

기름을 제거하기가 비교적 쉬운 지역도 기름 유출로 인한 피해가 수십 년 동안 계속되었어요. 어류와 갑각류에 기형이 나타났고, 생식 능력을 상실한 채 태어나는 경우도 있었어요.

1969년에는 바지선(주로 강과 운하 등에서 화물을 나르기 위하여 만든, 바닥이 평평한 배) 플로리다호가 매사추세츠 주 케이프코드 앞바다에서 난파하면서 디젤유 20만 톤이 휴양지로 유명한 부근 지역으로 흘러들어갔어요. 이 사건은 언론에 대대적으로 보도되었는데, 같은 해에 연안 지역에서 원유 시추 작업을 벌이다가 발생한 원유 누출 사고로 캘리포니아 주의 유명한 해변인 샌타바버라가 시커먼 원유로 뒤덮이는 일이 있었기 때문이에요. 케이프코드에서는 수많은 물고기와 갑각류와 새가 죽어 갔어요. 하지만 몇 달 동안 기름을 제거하는 작업을 열심히 펼친 결과, 샌타바버라에서와 마찬가지로 해변은 다시 깨끗해졌어요. 야생 동물들도 다시 돌아오고, 관광객도 이곳을 다시 찾았으며, 케이프코드는 이전의 모습을 회복했고, 사고는 사람들의 머리에서 잊혀져 갔어요. 그러나 40년 뒤에 근처에 있는 우즈홀해양연구소 과학자들이 케이프코드의 한 염성 습지를 조사했더니, 표면 바로 밑에 있는 진흙에서는 아직도 기름 냄새가 났어요. 농게는 이제 구멍을 깊이 파지 못했어요. 구멍을 파 들어가다가 기름층을 만나면, 대신에 옆쪽으로 구멍을 팠어요. 그리고 기름 증기를 들이마셔서 취한 것처럼 보였어요.

해저 유전 개발도 아주 큰 위험을 안고 있어요.

해저 유전 사고는 자주 일어나진 않지만, 일단 일어날 경우 석유 회사는 그것을 막을 수 있는 안전 조치나 방법이 전혀 없는 게 분명하며, 그 결과는 재앙에 가까운 광범위한 피해로 나타납니다. 해저 유전 개발이 큰 인기를 끌던 2010년에 전 세계 사람들에게 이 사실을 새삼 깨닫게 한 사건이 일어났어요. 4월 20일, 멕시코 만에서 석유 시추 시설이 갑자기 폭발하면서 작업자 11명이 사망하고, 역사상 최대 규모의 기름이 유출된 사고가 발생했어요. 7월 15일에 기름이 뿜어져 나오는 구멍을 막을 때까지 하루에 약 200만 갤런씩 기름이 쏟아져 나왔어요. 정확한 양(그보다 좀 많을 수도 있고 적을 수도 있는)은 알 수 없지만, 어쨌든 매일 큰 유조선이 한 척씩 좌초하는 사고가 석 달 동안 계속된 것과 맞먹는 양의 기름이 쏟아져 나왔어요.

이 사고로 6300km²에 이르는 멕시코 만 일대가 기름띠로 뒤덮인 것으로 추정되었는데, 폭풍이 기름띠를 더 확산시킬 가능성도 있었어요. 게다가 수면 아래에 잠겨 있어 보이지 않는 기름은 그보다 훨씬 많았어요. 또, 샌타바버라 사고와 달리 멕시코 만에서 유출된 기름은 걸쭉하고 무거운 중질유가 아니라 더 가벼운 '스위트 원유(황 성분이 적고 품질이 좋은 원유)'였어요. 전문가들은 스위트 원유는 독성이 더 강할 뿐만 아니라 제거하기가 더 어렵기 때문에 그중 일부는 수천 년 동안이나 바다에 머물 것으로 예상하고 있어요.

멕시코 만은 어류, 조류, 해양 포유류의 중요한 번식지이기 때문에, 이 사고가 이 동물들의 생명과 해양 생태계, 지구 전체의

앨라배마 주의 멕시코 만 해안
(2010년 6월 12일)

BP의 석유 시추 시설인 딥워터 호라이즌의 폭발 사고가 일어난 뒤 멕시코 만을 따라 뻗어 있는 해변 지역이 몇 달 동안 기름으로 뒤덮였다.

자연 질서에 미칠 영향은 과학으로도 정확하게 짐작하기 어려울 정도예요.

멕시코 만 기름 유출 사고는 민간 기업과 정부 모두에 책임이 있어요. 해당 석유 회사인 BP(영국석유회사)는 운영 비용을 아끼려고 가장 안전한 절차를 따르지 않았어요. 그러나 연안 지역의 석유 시추를 규제하고 안전을 보장해야 할 정부 기관이 BP의 행동에 제동을 걸지 않았어요. BP는 그 전에도 같은 종류의 태만과 과실을 범한 전력이 있어요. 2007년 10월에는 프루드호 만 기름 유출 사고로 2000만 달러의 벌금을 물었지요. BP는 원유 생산 장소인 알래스카 주 노스슬로프에서, 송유관이 부식되어 사고 위험이 있다는 현장 작업자들의 경고를 무시했어요. 그 지역은 야생 생물이 많이 살고 있어 기름 유출 사고가 나면 큰 환경 재앙이 발생할 수 있었지요. 2006년 3월 2일, 프루드호 만의 송유관에서 지름 6mm의 구멍이 발견되었어요. 그리고 거기서 20만 갤런 이상의 원유가 새어 나왔지요. BP는 연방 형사 벌금으로 1200만 달러, 알래스카 주에 대한 손해 배상으로 400만 달러, 북극 연구를 위해 400만 달러를 치렀어요. BP의 현지 자회사인 BP 엑스플로레이션(알래스카)은 3년간 집중 감시 대상이 되었어요. BP는 또한 역사적으로 유명하지만 남획이 많이 일어난 어장인 북해에서도 시추 작업을 해요. 잠재적 위험을 인식한 어부들은 연안 지역에서의 시추 작업에 격렬하게 반대하고 나서 뉴잉글랜드 앞바다의 시추 계획을 막는 데 성공했어요.

전 세계 사람들이 석유 소비를 줄이고 그 대신에 태양 에너지와 풍력 같은 재생 가능 에너지원을 사용하지 않는다면, 바다에서 이것과 같은 재앙이 더 일어날 수밖에 없어요.

석유 산업 분석 전문가들은 전 세계에서 쉽게 생산할 수 있는 석유는 대부분 바닥나고 있어 석유 회사들은 갈수록 더 위험하고 작업하기 어려운 장소에서 석유를 생산한다고 말합니다. 따라서 석유 사용을 금지하지 않는다면 연안 지역뿐만 아니라 북극권처럼 환경이 취약하고 사고가 일어나기 쉬운 장소에서도 시추 작업이 더 많이 일어날 수밖에 없어요. 최근에 발견된 거대한 유전은 브라질 앞바다의 해저에서 지하 약 1.6km 깊이에 묻혀 있어요. '암염층 하부 원유'라 부르는 이 거대한 심해 유전은 깊은 바닷속에서 시추 작업을 해야 할 뿐만 아니라, 소금과 모래와 암석으로 이루어진 불안정한 바다의 밑바닥을 약 1.6km나 뚫고 내려가야 해요. 이 유전은 멕시코 만 해저 유전보다 사고가 발생할 확률이 훨씬 높습니다.

해양 생태계에 재앙을 가져오는 것은 기름 유출 사고뿐만이 아니에요. 수은(원소 기호는 Hg)이나 폴리염화 바이페닐(PCB) 같은 치명적인 오염 물질은 제거하기가 아주 어려워요. PCB는 전기 제품이나 페인트, 엔진 연료, 플라스틱, 바닥 마감재, 다양한 가정용품을 만드는 데 쓰여요. 미국에서는 1979년에 법으로 금지하기 전까지 생산 과정에서 생긴 이러한 오염 물질들이 흙으로 스며 들어가 결국 바다로 흘러들어갔어요. PCB는 분해가 되지 않기 때문에 아직도 환경 속에 떠돌아다니고 있어요.

게다가 불법적으로 내다 버리거나 매립지에서 새어 나오거나 PCB를 포함한 제품을 개인들이 버리는 데서도 많은 PCB가 환경으로 흘러들어갔어요. PCB는 흙과 공기와 물을 통해 먼 거리까지 이동하기 때문에, 처음에 환경으로 흘러들어간 곳에서 아주 멀리 떨어진 곳에서도 발견되며, 지금은 전 세계 모든 곳에서 발견되고 있어요.

그런데 아주 작은 동물들이 이 독성 물질을 먹어요. 더 큰 동물이 작은 동물을 먹으면, 독성 물질이 큰 동물의 몸속에 쌓여요. 게다가 큰 동물은 작은 동물을 한 번에 한 마리만 먹는 데 그치지 않아요. 아주 많이 잡아먹지요.

그 결과 큰 동물의 몸속에는 작은 동물보다 독성 물질이 더 높은 농도로 축적되지요. 먹이 사슬에서 위로 올라갈수록 그 농도는 점점 더 강해집니다. 큰 물고기는 오염된 작은 물고기를 많이 먹기 때문에 먹이 사슬에서 맨 꼭대기에 있는 동물이 큰 물고기를 먹는 것은 위험해요. 맨 꼭대기에 있는 동물은 바로 우리예요.

수은, 크롬, 납 같은 독성 중금속도 PCB와 마찬가지로 바다로 흘러들어가 먹이 사슬을 통해 동물들의 몸속에 쌓였어요.

이 금속들은 화학에서는 원소라고 불러요. 2009년까지 발견된 원소의 종류는 모두 118가지로 알려져 있어요. 구리, 수은, 납 등과 같은 독성 금속 원소들은 대부분 수천 년 전부터 사용되어 왔는데, 이런 원소들을 관과 식기, 조리 기구 등에 사용할 경우 사람이 중독될 수 있다는 사실이 밝혀진 것은 불과 얼마 전이에요. 이러한 원소 물질들은 일단 환경 속으로 들어가면 제거하기가 매우 힘든데, 그 이유는 원소는 더 이상 분해되지 않기 때문입니다. 예를 들어 물(H_2O)은 그 구성 원소인 수소와 산소로 분해할 수 있어요. 소금(NaCl)도 나트륨과 염소로 분해할 수 있지요. 그러나 수소, 산소, 나트륨, 염소는 원소라서 더 이상 분해되지 않아요.

성적이 나쁜 어린이를 정밀 검사해 보았더니 오염된 물고기를 먹고 몸속에 수은이 높은 농도로 축적된 사례가 발견된 적도 있어요. 의사들은 임신한 여성에게 다랑어 같은 큰 생선을 많이 먹지 말라고 주의를 주어요. 혹시 높은 농도로 축적되어 있을지 모르는 수은이 몸속에 들어오는 것을 막기 위해서지요. 수은은 태아에게 아주 나쁜 영향을 미치거든요. 이것은 무척 안타까운 일이에요. 그런 위험만 없다면 큰 물고기에는 우리의 건강에 아주 좋은 단백질이 풍부하니 말이에요. 그리고 이러한 독성 물질은 물고기 개체군에 아주 큰 영향을 미쳐요. 아직 연구가 충분히 된 것은 아니지만, 그 부작용 중 하나는 생식 능력 감소로 나타나고 있어요.

언론에서는 석유 부산물, PCB, 수은 등에 큰 관심을 보이지만, 그 밖에도 해로운 효과를 나타내는 오염 물질이 많아요. 어느 누구도 눈치 채지 못하는 사이에 크롬도 바다의 주요 오염 물질이 되었어요.

크롬(화학 기호는 Cr)도 수은처럼 금속 원소예요. 나머지 독성 금속 원소들과는 달리 크롬은 수천 년 전부터 알려진 것이 아니라 1797년에야 발견되었어요. 크롬은 밝은 광택이 나고 아주 단단하며 부식에도 잘 견디는 성질이 있어요. 중국의 매장지에서 기원전 3세기 후반의 것으로 보이는 청동 무기가 발견되었는데, 부식된 흔적이 전혀 없었어요. 그 이유는 청동 화살촉과 검이 크롬으로 코팅되어 있었기 때문이에요. 강철을 만들 때 크롬을 첨가하면 녹이 슬지 않아요. 특유의 색을 나타내게 하고 불투명하게 만들기 위해 페인트에도 첨가해요. 광택을 나게 하는 성질 때문에 자동차 부품이나 배관 부품, 가구 부품 등의 코팅 재료로도 쓰여요. 식칼을 포함한 많은 주방 용품에도 쓰이며, 그 밖에 염료와 제트 엔진, 흰개미 침입 방지를 위한 목재 처리, 고성능 오디오테이프, 가솔린, 습기 방지 가죽 등에도 쓰여요. 스쿨 버스를 노란색으로 칠하는 데 쓰이는 페인트에도 크롬이 들어갑니다. 크롬은 유리에 초록색 색조를 내는 데에도 쓰여요. 다시 말해서, 지구에서 우리가 만드는 거의 모든 것에 크롬이 들어갑니다. 그런데 불행하게도 크롬은 결국에는 산업 오염 물질의 종착역인 바다로 흘

오토바이 부품

오토바이와 자동차 부품, 주방 용품, 도구 등에 반짝이는 광택을 낼 때 크롬을 쓴다. 크롬은 원래 밝은 광택이 나는 단단한 금속이며, 부식에 대한 저항력도 강하다.

러들어 갑니다. 해양 오염을 연구하는 사람들도 오늘날 크롬 오염이 얼마나 높은지를 알고는 깜짝 놀랍니다.

우리 몸도 당류를 처리하는 데 소량의 크롬이 필요하고, 크롬 결핍증이라는 질병도 있지만, 너무 많은 크롬은 사람과 물고기 모두에게 독성을 나타내요. 크롬은 암을 일으키고, 콩팥과 간, 혈액 세포를 손상시키는 것으로 알려져 있지만, 일반 대중은 2000년에 〈에린 브로코비치〉라는 영화를 보고 나서야 이 문제의 심각성을 제대로 알게 되었어요. 캘리포니아 주에서 실제로 일어난 사건을 바탕으로 만든 이 영화는 산업에 사용된 크롬이 지하수로 스며 들어가 한 마을 전체가 크롬에 중독되는 이야기를 다루고 있어요.

과학자들은 크롬이 들어간 제품이 햄스터에게 염색체 손상을 일으킨다는 사실을 알아냈고, 해양생물학자들은 크롬이 물고기의 DNA를 변형시킬 수 있다는 사실도 밝혀냈어요. DNA에는 모든 생물의 발달과 기능을 좌지우지하는 유전자가 들어 있습니다.

> DNA의 변화는 진화를 일으키는 핵심 요인이에요. 만약 DNA 변화가 어떤 종에게 환경에 잘 적응하는 방향으로 변하게 한다면, 그 종은 계속 살아남을

수 있어요. 그 종이 성공적으로 살아남을 경우, DNA 변화 때문에 나타나는 미묘한 변화를 보려면 수백만 년이 걸릴 수도 있어요. 하지만 DNA 변화가 성공적이지 않을 경우, 그 변화를 보는 데에는 긴 시간이 필요 없어요.
물고기의 DNA 손상 때문에 생식 능력이 감소한다는 증거가 많이 있어요. 그 결과, 우리가 남획을 하지 않더라도 그 물고기 종은 영영 사라질지 몰라요.

10장

지구 온난화는 어떻게 물고기를 죽일까?

"기후는 어떤 종의 평균 개체수를 결정하는 데 중요한 역할을 한다."
— 찰스 다윈, 『종의 기원』 중에서

20세기의 100년 동안 지구 평균 기온(지표면 근처의 공기 온도)은 0.6~0.9°C 올랐어요. 이러한 기온 상승 추세는 앞으로도 계속될 것으로 보이는데, 과학자들은 평균 기온이 2°C 더 오르면 재앙에 가까운 결과가 나타날 것이라고 이야기해요. 극지를 덮고 있는 얼음이 녹아 해수면이 상승하면, 많은 해안 지역과 항구와 도시가 물속에 잠길 수 있어요.

평균 기온 상승의 주 요인으로는 온실 기체 증가를 꼽을 수 있어요. 온실 기체는 지구에서 우주 공간으로 빠져 나가는 열을 붙들어 지구를 생물이 살아갈 수 있도록 따뜻하게 유지해 줍니다. 지구 대기에 포함된 주요 온실 기체로는 수증기, 이산화탄소, 메탄, 일산화이질소, 오존 등이 있어요. 온실 기체는 온실 유리가 적외선 형태의 열이 밖으로 빠져 나가지 못하게 붙드는 것과 같은 원리로 열을 붙들어요. 만약 온실 기체가 이런 일을 하지 않는다면, 지구의 기온은 크게 떨어져 생물이 살기 힘든 장소로 변할 거예요. 문제는 19세기부터 사람들이 화석 연료(주로 석탄과 석유)를 태우는 것과 같은 산업 활동을 통해 온실 기체를 점점 더 많이 대기 중으로 내보낸 데 있어요. 게다가 수백 년 동안 대규모로 숲을 베어 낸 것 역시 문제를 더 악화시켰어요. 숲을 없애려고 불태우거나 죽은 식물이 썩을 때에는 이산화탄소가 나와요. 지금도 매년 수많은 숲이 사라져 가고 있는데, 여기서 막대한 양의 이산화탄소가 나와 대기 중으로 들어가고 있어요.

지구 온난화의 영향은 이미 야생 동물들에게 눈에 띄게 나타나고 있어요. 잘 알려진 문제 한 가지는 북극 지방의 얼음이 녹으면서 북극곰이 서식지를 잃어 가는 것이에요. 사람은 같은 강(綱)에 속한 포유류는 큰 관심을 기울여 조사했지만, 지구 온난화가 다른 강에 속한 어류에 미치는 효과에 대해서는 별로 신경

을 쓰지 않았어요. 미국의 한 연구팀이 조사한 결과에 따르면, 지구 온난화 때문에 전체 어류 개체군들이 더 차가운 물을 찾아 북쪽으로 이동하고 있다고 해요. 아북극 지역에 살던 물고기는 북극 지역으로 이동하고, 온대 지역에 살던 물고기는 아북극 지역으로 이동하고, 아열대 지역에 살던 물고기는 온대 지역으로 이동하고, 열대 지역에 살던 물고기는 아열대 지역으로 이동하고 있어요. 이것은 특히 바다의 자연 질서에 아주 소중한 산호초처럼 특별한 생태계들이 있는 열대 지역에 좋지 않은 소식이에요.

사람들은 따뜻한 땅일수록 식물이 풍부한 것을 보고 바다도 역시 따뜻할수록 물고기가 더 풍부할 것이라고 지레짐작하지요. 하지만 그렇지 않아요. 오히려 찬 바다에 물고기가 더 풍부해요.

왜냐하면 물고기는 찬 곳을 더 좋아하기 때문이에요. 그래서 바다가 따뜻해지는 것은 물고기들에게는 큰 위기예요. 게다가 바다가 계속 따뜻해져서 얼음이 녹으면, 얼음이 녹은 물은 민물이기 때문에 바닷물은 덜 짜질 수밖에 없어요.

거의 모든 물고기는 특정 온도 범위에서만 살 수 있을 뿐만 아니라 특정 범위의 염분(바닷물 등에 함유되어 있는 소금기)에서만 살 수 있어요. 즉, 적절한 염분은 물고기가 살아가는 데 필수적이에요.

많은 물고기는 수온이 어느 온도로 변하면 생식을 시작해요. 그런데 지구 온난화로 수온과 염분이 변하면서 일부 물고기는 혼동을 일으켜 생식이 멈춰 버렸어요.

게다가 지나치게 많은 양의 탄소가 바닷속으로 들어가고 있으며, 특히 물고기들이 평소에 변화에 덜 노출되어 적응 능력이 없는 심해로 들어가고 있다는 증거가 발견되었어요. 과학자들과 전문가들의 일부 연구에 따르면, 지나치게 많은 양의 탄소는 물고기의 성장 속도를 늦출 수 있다고 해요. 물고기의 성장 속도는 알 생산이나 생식 능력과 밀접한 관계가 있기 때문에, 결국 이것 역시 심해 물고기 개체군에게는 아주 나쁜 영향을 미치게 됩니다.

그리고 이 심해 물고기 개체군에 일어난 변화는 다른 물고기 개체군들로 퍼져 나갈 것이고, 그 영향은 바다뿐만 아니라 우리가 살고 있는 지구 전체로 뻗어 나갈 거예요.

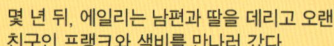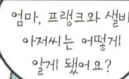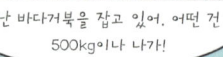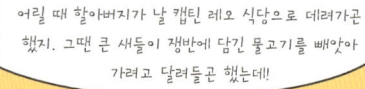

11장

잠에서 깨어나 행동해야 할 때

"과거에 일어난 사실을 바탕으로 판단할 때, 현재 살아 있는 종 중에서 먼 미래까지 변하지 않은 채 그 모습을 그대로 전할 수 있는 종은 단 하나도 없으리라고 추론해도 무리가 없을 것이다. 그리고 현재 살아 있는 종 중에서 어떤 종류의 후손을 아득히 먼 미래까지 전할 수 있는 종은 극히 드물 것이다. 왜냐하면 모든 생물들이 집단을 이루고 있는 방식은 각각의 속(屬)에서 많은 종들이, 그리고 많은 속에서는 모든 종들이 후손을 전혀 남기지 못하고 완전히 멸종해 버렸음을 보여 주기 때문이다."
—찰스 다윈, 『종의 기원』 중에서

만약 다윈의 주장이 옳다면, 우리도 결국에는 멸종하고 말 거예요. 모든 좋은 변화가 일어나며, 그러한 변화가 축적되면 새로운 종으로 진화하고, 원래의 종은 멸종합니다.

먼 옛날에 공룡이 살았지만, 지금은 공룡이 사라진 지 오래되었고 그 후손인 새가 살고 있어요. 하지만 다윈이 말한 과정은 반복해서 이야기했듯이 아주 느리게 일어납니다. 그 변화는 수백만 년에 걸쳐 서서히 일어나지요. 그런데 오늘날 우리는 사람들이 초래한 변화가 불과 몇 년 만에 일어나는 것을 보고 있어요. 이렇게 다른 종들을 멸종으로 내몰면서 우리 자신도 멸종을 향해 다가가고 있어요.

우리가 어떤 행동을 취해야 한다는 데 많은 사람들이 공감하고 있어요. 그런데 어떤 행동을 취해야 할지 의견을 하나로 모을 수 있을까요? 어부들은 오염과 지구 온난화 문제에 대해 가장 큰 목소리를 내는 집단 중 하나예요. 어업만 바라보아서는 물고기 문제를 제대로 이해할 수 없다는 이들의 주장은 옳아요. 하지만 환경 운동가들은 어부들이 바다에서 물고기가 사라져 가는 이유를 오로지 오염과 지구 온난화 탓으로만 돌리는 걸 경계하면서 남획도 주요 원인이라고 지적하는 걸 잊지 않아요.

두 집단의 주장이 다 옳아요. 어업 활동을 규제하고 남획을 막으려는 노력에 큰 진전이 있었지만, 아직도 일부 수산 회사들은 어느 나라의 주권도 미치지 않는 공해나 가난한 나라가 관리하는 바다에서 물고기를 마구 잡아들이고 있어요. 이런 회사들은 가난한 나라에 돈을 주고 그 바다에서 아무 제약 없이 물고기를 마음대로 잡을 수 있도록 허가를 받아요. 가장 파괴적인 어업은

1950년에는 상업적 어업으로 잡는 물고기 중 90% 이상이 북반구에서 잡혔다. 지금은 세상에서 물고기가 아주 많이 잡히는 어장 중 일부는 페루와 여러 아프리카 국가를 포함해 남반구에 있다. 이것은 선진국 어선들이 자기 나라 바다에서 물고기가 부족해지자, 먼 바다로 진출했기 때문이다. 가난한 나라의 한정된 어자원을 이용할 수 있는 권리를 얻는 대가로 선진국 어선들이 가난한 나라에 지불하는 금액은 턱없이 적다.

바로 이러한 부자 나라 수산 회사들이 가난한 나라 바다에서 저지르고 있어요.

우리는 자연이 자체 규칙에 따라 돌아간다는 사실을 너무나도 쉽게 잊어버려요. 우리는 자신이 저지른 잘못을 깨닫고 바로잡을 수 있지만, 자연은 우리가 잘못을 바로잡기까지 항상 기다려 주진 않아요. 자연은 공간을 텅 빈 채로 남겨 두길 싫어해요. 어떤 지역에서 한 종이 희귀해지면, 같은 먹이를 먹고 사는 다른 종이 옮겨 와 그 자리를 차지해요. 그러면 원래 그곳에서 살던 종은 먹이를 충분히 구하지 못해 원래 상태로 회복하기가 어려워져요.

우리는 세계의 모든 바다에서 귀하게 여기는 종들을 죽이고 있어요.

그리고 그 종들은 우리가 좋아하지 않는 종들로 대체되고 있어요. '죽음의 지역'에서는 물고기와 산소가 사라지고, 살아가는 데 산소가 필요 없는 일부 세균들만 살고 있어요.

우리는 같은 동물 집단인 포유류를 보호하는 데에는 신경을 쓰지만,

어류를 보호하는 데에는 별로 신경을 쓰지 않아요.

그래서 우리는 물범 사냥을 중단했고, 이제 물범의 수가 많이 늘어났어요. 하지만 물범은 대구를 잡아먹는데, 우리는 대구야 그 수가 줄어들든 말든 별로 신경을 쓰지 않았어요. 물범이 잡아먹는 바람에 대구의 수는 더욱 줄어드는데, 그렇게 되면 얼마 안 가 물범이 먹을 먹이가 부족할 거예요. 하지만 자연은 스스로 질서를 조절하는 능력이 있어요. 회색바다표범 수백 마리가 케이프코드의 채텀 항구로 서식지를 옮기는 바람에 연안 지역에 살던 대구가 사라졌어요. 과학자들은 사람들에게 사냥당하기 전인 수백 년 전에는 회색바다표범들이 채텀 항구에 살았을 거라고 생각해요. 그때는 사람들이 대구를 대규모로 잡기 전이었기 때문에, 회색바다표범들을 충분히 먹여 살릴 만큼 대구가 많았어요. 그런데 지금은 물범을 좋아하는 관광객이라면 질겁할 일이지만, 대서양백상아리가 채텀 항구로 옮겨와 회색바다표범을 잡아먹고 있어요.

샌디에이고에서부터 페루와 하와이 제도에 이르는 동태평양 열대 지역에서는 황다랑어가 돌고래와 함께 헤엄을 칩니다. 왜 그러는지 정확한 이유는 아무도 몰라요. 다랑어를 잡는 어부들

긴부리돌고래
(*Stenella longirostris*)
1972년에 미국 의회가 해양 포유류 보호법을 통과시키기 전까지 다랑어를 잡을 때 함께 잡혀 죽은 돌고래가 최대 200만 마리나 되는 것으로 추정된다. 하지만 이런 보호 노력에도, 현재 긴부리돌고래는 '고갈된' 종으로 여겨지고 있다. 그 개체군의 크기는 최적 수준의 지속 가능한 개체군보다 작다.

은 부수 어획으로 돌고래도 많이 죽였는데, 돌고래를 사랑하는 대중의 항의가 커지자 법으로 돌고래를 죽이는 것을 금지했어요. 그런데도 돌고래 수가 늘어나지 않자, 과학자들은 다랑어를 계속 죽이는 것이 그 원인이 아닐까 생각해요. 돌고래가 살아가는 데에는 다랑어가 필요할지 몰라요. 일부 과학자는 다랑어가 먹이인 작은 물고기를 찾는 데 돌고래가 도움을 준다고 생각해요. 또는 다랑어가 돌고래에게 포식동물을 피하도록 경고를 해 주는지도 몰라요. 아니면, 둘 다 새를 따라가는 것인지도 모르죠. 다랑어와 돌고래가 작은 물고기를 수면 가까이로 쫓아 보냈지만, 새가 작은 물고기를 잡으려고 물속으로 뛰어드는 소리를 듣고서야 돌고래가 작은 물고기의 위치를 정확하게 파악하는 것일까요? 만약 그렇다면, 이것은 물고기와 새와 포유류가 서로 의존하며 살아가는 것을 보여 주는 사례라고 할 수 있어요.

그런데 우리가 자연의 균형을 깼기 때문에, 그것을 다시 원래대로 되돌리기가 엄청 힘들어요. 우리가 할 수 있는 일은 무엇일까요?

생선을 먹는 걸 거부할 수 있지만, 이것은 괜히 우리의 건강에 좋은 식품을 포기하는 것일 뿐만 아니라, 실질적으로 도움도 되지 않아요. 만약 어떤 생선도 먹지 않는다면, 지속 가능한 방법으로 물고기를 잡는 사람에게 아무런 보상도 해 줄 수가 없어요. 대신에 생선을 먹되 좋은 생선만 먹는 게 좋아요. 즉, 지속 가능한 어업 방식으로 잡은 생선만 먹는 것이지요. 이런 생선은 최대한 신경을 써서 잡기 때문에 품질도 가장 좋아요. 그런데 한 가지 문제가 있어요. 어떤 생선이 좋은 어장에서 잡은 것인지 어떻게 알 수 있을까요?

새로운 종류의 생선이 갑자기 많이 보이면 의심하세요.

오렌지러피가 바로 그런 경우예요. 홍민어도 그래요. 1981년에 루이지애나 주의 요리사 폴 프러덤은 검게 구운 홍민어 요리법을 개발했어요. 얇게 저민 홍민어 살에 양념을 바른 뒤에 생선 살이 검은색으로 변하도록 아주 뜨거운 주철 냄비로 조리하는 방법이에요. 홍민어는 멕시코 만에서 나는 민어과 물고기로, 사람들에게 별로 인기가 없었어요. 그런데 갑자기 누구나 검게 구운 홍민어를 원하는 것처럼 보였고, 채 10년도 안 돼 멕시코 만에서 잡히는 홍민어는 연간 72만kg에서 315만kg 이상으로 늘어났어요. 결국 연방 정부가 어획량을 규제하고 나섰고, 프러덤이 홍민어를

파타고니아이빨고기
(*Dissostichus eleginoides*)

이빨고기라고 하면 사람들은 별로 먹음직한 생각이 들지 않을 것이다. 어느 똑똑한 판매 촉진 사원이 칠레바다배스라는 이름을 붙이자, 이 물고기는 갑자기 큰 인기를 끌었고, 이제는 남획 때문에 멸종 위기에 놓이게 되었다.

보호하자는 캠페인까지 벌이는 노력 끝에 멕시코 만에서 홍민어 개체군이 완전히 사라지는 것을 막을 수 있었어요.

또 다른 예로는 칠레바다배스(이빨고기, 메로, 비막치어라고도 함)가 있어요. 이 물고기는 전에는 잘 알려지지 않았는데, 갑자기 전 세계의 식당과 생선 가게에 나타나기 시작했어요. 이 물고기가 잘 알려지지 않았던 한 가지 이유는 얼마 전까지만 해도 상업적 어업이 대규모로 일어나지 않은 남반구에 살았기 때문이에요. 진짜 이름은 파타고니아이빨고기로, 배스하고는 아무 관계도 없으며, 또 대부분은 칠레에서 나지도 않아요. 칠레바다배스라는 이름은 이 물고기를 국제적으로 팔기 위해 지어 낸 이름인데, 일본에서 부르는 메로라는 이름도 국제적으로 널리 알려졌어요. 그런데 칠레바다배스도 오렌지러피처럼 성장이 아주 느린 물고기라서 나이를 많이 먹어야 생식을 할 수 있어요. 이 때문에 칠레바다배스를 남획하기는 아주 쉬운 반면, 지속 가능한 방식으로 잡기는 무척 어려워요. 일부 예외적인 사례가 있긴 하지만, 칠레바다배스는 일반적으로 남획되고 있어요. 여러 나라에서 칠레바다배스를 보호하기 위한 대책을 세우자, 나쁜 어부들은 감시하기가 어려운 남극해에서 불법 조업을 많이 하고 있어요. 칠레바다배스를 잡는 데 주로 쓰이는 방법은 아주 긴 낚싯줄에 낚싯바늘을 주렁주렁 매달아 바닷속 깊이까지 늘어뜨리는 방법인데, 이 낚시에는 칠레바다배스뿐만 아니라 멸종 위기에 처한 새인 앨버트로스까지 걸리며, 그 밖의 바닷새도 낚시에 걸려 물에 빠져 죽어요.

따라서 어차피 생선을 먹어야 한다면, 좋은 생선이 어떤 것인지, 즉 파괴적인 방식이 아니라 지속 가능한 방식으로 잡은 생선이 어떤 것인지 알 수 있는 방법이 있을까요? 이것은 아주 어려운 문제이지만, 우리는 그렇게 노력해야 할 도덕적 의무가 있어요. 먹지 말아야 할 생선과 먹을 수 있는 생선 명단을 정리해 발표하는 단체들이 많이 있어요. 문제는 이 명단을 만드는 사람들에게 그것을 결정할 방법이 없다는 데 있어요. 이것은 어떤 생선을 먹을 수 있느냐 없느냐 하는 문제가 아니에요. 예컨대 해덕대구는 먹어도 되고 황새치는 먹어서는 안 된다고 말할 수는 없어요. 저인망으로 잡은 해덕대구와 낚시로 잡은 해덕대구를 구별해야 하고, 또 같은 낚시로 잡은 것이라도 낚싯바늘이 2개 달린 낚시를 사용한 것과 50개 달린 낚시를 사용한 것을 구별해야 하고, 그물로 잡은 황새치와 작살로 잡은 황새치를 구별해야 해요. 전 세계의 모든 어장에 대해 이 모든 것을 조사하려면, 조사 요원이 수백 명은 있어야 할 거예요. 그리고 정기적으로 같은 어장을 방문하여 조업 방법이나 환경이 변하지 않았는지 확인하면서 일 년에 여러 차례 명단을 새롭게 고쳐야 해요. 설사 이 책에 좋은 생선과 나쁜 생선 명단을 싣는다 하더라도, 이 책이 출판될 무렵에는 그 명단은 이미 낡은 것이 되어 별 쓸모가 없을 수도 있어요. 지속 가능하지 않은 어업과 똑같은 물고기 종들을 잡는다는 이유로 지속 가능한 어업을 금지해야 한다고 주장하는 것은 올바른 방법으로 물고기를 잡는 어부들의 수고와 비용(때로는 위험까지)을 무시하는 부당한 일이에요. 그렇게 되면 어부들은 지속 가능한 방법으로 물고기를 덜 잡아야 할 동기를 전혀 느끼지 못하겠지요.

일부 단체들은 어떤 생선이 먹기에 좋은 생선인지 또는 나쁜 생선인지 안내 지침을 제시하고 있어요. 이 단체들은 과학자와 어부와 함께 협력해 전 세계 바다의 물고기 개체군을 감시하는 방법을 개선하고, 어부들에게 지속 가능한 어업을 하도록 자극하는 방법을 제시합니다.

해양관리협의회 www.msc.org
해양관리협의회(Marine Stewardship Council, MSC)는 1997년에 세계적인 환경 보호 단체인 세계야생생물기금과 세계적인 해산물 판매 회사인 유니레버가 만들었어요. 수산 시장에서 지속 가능한 어업의 상업적 가치를 높이자는 게 그 취지였지요. 이 시도가 얼마나 큰 성공을 거두었는지는 전 세계의 어장들이 자발적으로 해양관리협의회의 엄격한 환경 기준에 맞는지 조사와 평가를 받겠다고 나선 것만 봐도 알 수 있어요. 평가 방법의 복잡성 정도에 따라 어장들은 평가를 받기 위해 독립적인 인증 기관에 1만 5000~12만 달러를 지불합니다. 만약 어떤 어장이 지속 가능한 어업을 한다는 평가를 받으면, 거기서 나는 해산물 제품에 파란색 MSC 친환경 라벨을 붙일 수 있어요. MSC 친환경 라벨은 소비자에게 그 생선을 먹어도 환경에 해가 없다고 확인해 주는 것과 같아요.

MSC 계획은 의식 있는 소비자에게 생선을 확인할 수 있는 방법을 제공하고, 양심적인 어장에게 그 노력에 대한 보상을 받도록 하기 때문에 중요해요. 2000년 이후에 전 세계에서 MSC 인증을 받은 어장은 100개가 넘어요. 이것만 해도 전 세계에서 잡히는 물고기 중 상당량에 해당하지만, 아직도 평가를 받아야 할 어장이 많아요. 그리고 이미 인증을 받은 어장들도 계속해서 재평가를 받아야 해요. 인증을 받은 어장들은 매년 감사를 받으며, 지속 가능한 어업 방식을 계속 유지하는지 5년마다 한 번씩 전면 재평가를 받아요.

일부 인증 사례는 논란이 되기도 했어요. 예를 들면, 한 칠레 바다배스 어장이 인증을 받았는데, 여기에 일부 환경 운동가들이 반발했어요. 차라리 "칠레바다배스를 먹지 맙시다!"라고 말하는 편이 훨씬 간단명료하다는 이유에서였지요. 2010년에는 남극

구입하려는 해산물에 이런 라벨이 붙어 있으면, 그것은 지속 가능한 방식으로 잡았다는 뜻이다.

해의 일부 크릴 어장들이 MSC 인증을 받았는데, 그곳에서 잡는 크릴의 양은 전체 개체군에 큰 영향을 미치지 않는다는 게 그 이유였어요. 그러나 일부 환경 운동가들은 크릴을 좀 더 많이 잡는 것이 영향을 미칠 수 있다면, 아예 크릴을 잡는 걸 금지해야 한다고 주장했어요.

몬터레이 만 수족관

www.montereybayaquarium.org

캘리포니아 주에 있는 몬터레이 만 수족관(Monterey Bay Aquarium)은 일반 대중에게 각 지역에서 먹어야 할 생선과 먹지 말아야 할 생선이 어떤 것인지 정보를 제공하는 '해산물 감시' 계획을 운영하고 있어요. 심지어 양식 줄무늬농어처럼 환경에 해를 끼치지 않는 양식 어류와 양식 연어처럼 환경에 나쁜 양식 어류까지 구별해요. 이 방법은 소비자가 쉽게 이해할 수 있지만, 개별 어장이 아니라 각 종에 라벨을 붙임으로써 종종 좋은 어장을 나쁜 어장과 뭉뚱그리는 일도 일어납니다. 몬터레이 만 수족관은 2000년부터 물고기를 세 범주로 나눈 포켓판 안내서를 발행하고 있어요. 환경에 해를 끼치지 않고 먹을 수 있는 물고기는 녹색 목록으로, 환경에 약간 해를 끼치지만 그래도 허용할 수 있는 수준인 물고기는 황색 목록으로, 먹지 말아야 할 물고기는 적색 목록으로 분류하고 있어요. 2011년 현재까지 발행한 안내서는 약 3500만 부나 됩니다. 미국 내에서 발표되는 많은 목록의 토대가 되는 이 목록은 7명의 과학자를 포함한 15명이 작성해요. 이들은 발표된 보고서를 바탕으로 목록을 작성하고 수정하며, 직접 바다로 나가 조사하는 일은 드물어요. 이 안내서는 소비자를 위해 만든 것이지만, 식당과 수산물 도매 회사에도 도움이 되고 있어요. 일 년에 두 차례 내용을 새로 고치기 때문에, 최신 목록을 보려면 웹사이트를 참고하세요.

몬터레이 만 수족관의 해산물 감시 안내 책자 표지.

케이프코드 상업적 낚시 협회 www.ccchfa.org

1991년, 채텀 항구를 중심으로 활동하는 케이프코드의 어부들이 '케이프코드 상업적 낚시 협회(Cape Cod Commercial Hook Fishermen's Association)'라는 단체를 만들었어요. 이들은 바닥고기, 그중에서도 특히 대구와 해덕대구를 잡지만 오로지 낚시로만 잡아요. 이렇게 낚시로 잡은 대구에 '채텀대구'라는 상표명을 붙여 팔아요. 경매 시장에서 채텀대구는 비싼 값에 팔리는데, 단지 친환경적 방식으로 잡아서 그런 것이 아니라 신선한 데다가 아주 조심스럽게 다루기 때문이에요. 이것은 모두에게 이익을 가져다

주었어요. 어부들은 고기를 덜 잡고도 돈을 많이 벌고, 소비자는 건강한 생선을 먹을 수 있고, 그렇게 함으로써 잘 관리하려고 열심히 노력하는 어장을 장려해요.

그렇지만 몇 가지 문제가 남아 있어요. 채텀에서 잡는 대구가 모두 낚시로 잡는 것은 아니에요. 어부들은 낚시로 잡은 대구에 '낚시로 잡은 채텀대구'라는 라벨을 붙임으로써 이 문제를 해결하려고 시도했어요. 그러니 여러분이 낚시로 잡은 채텀대구를 살 때마다 지속 가능한 어업 운동을 도울 수 있어요.

국제자연보호협회 www.nature.org
캘리포니아 주 모로 만을 기반으로 환경 보호 단체인 국제자연보호협회(The Nature Conservancy)가 추진하는 계획은 환경 운동가들과 상업적 어부들이 협력하면 어떤 일을 할 수 있는지 잘 보여 줍니다. 2004년에 국제자연보호협회는 수지가 맞지 않아 어업을 포기하려는 어부에게서 저인망 어업 허가권을 사들이기 시작했어요. 그렇게 해서 그들은 결국 열세 건의 허가권을 관리하게 되었어요. 그들은 정부 산하의 어업관리위원회를 찾아가 뉴잉글랜드에서 했던 것과 비슷한 지역 관리 실험을 요구했어요. 그것은 연간 최대 어획량을 정해 놓고 어부들의 자율 관리에 맡기는 방식이에요. 그리고 나서 어업 허가권을 어부들에게 넘겨주었어요. 그러자 그중 일곱 척은 지속 가능한 전통적 어업 방식인 낚시나

덫을 이용해 물고기를 잡았어요. 나머지 여섯 척은 저인망 어업을 계속했지만, 10시간 대신에 20분 동안만 그물을 끌고 다녔고, 바다 전체에 광범위한 피해를 입히는 대신에 특정 종만 표적으로 삼는 방식(경트롤 어업)으로 고기를 잡았어요. 이렇게 그들은 캘리포니아 주의 어장을 경트롤 어업 지역, 낚시 어업 지역, 저인망 어업을 절대로 할 수 없는 지역(면적. 380만 에이커의 해저 지역)으로 나누었어요.

지속 가능한 어업을 하는 어장 중에는 흥미로운 곳이 몇 군데 있어요. 샌디에이고에서는 물속에 미끼를 던져 놓고 물고기들이 먹이를 먹으러 몰려들 때 미끼를 달지 않은 낚시로 낚아 올리는 방법으로 날개다랑어를 잡아요. 이것은 완전히 지속 가능한 어업 방식이에요. 거의 모든 곳에서 연어의 수가 줄어들고, 연어 양식은 대부분 환경에 해롭지만, 알래스카 주에서는 연어 어장을 잘 관리하고 있어요. 판매되는 연어에는 대개 원산지가 표시되어 있는데, 소비자들은 그것을 보고 좋은 연어와 나쁜 연어를 구별할 수 있어요. 하지만 지속 가능한 어업을 하는 그 밖의 많은 어장을 확인하는 것은 쉽지 않아요. 예를 들면, 모로 만에서 잡은 생선(주로 다양한 볼락 종으로 이루어진)을 나타내는 라벨은 없어요. 칠레바다배스 어장은 대부분 지속 가능하지 않지만(몬터레이 만 수족관의 안내서에서 칠레바다배스는 어떤 것도 먹지 말라고 권하는 이유도 이 때문이에요), 조지아 제도 남부에는 지속 가능한 어장이 한 군데 있으며 해양관리협의회의 인증도 받았어요. 그러니 어떤 일이 일어나고 있는지 정확하게 알려면 이들 웹사이트를 방문해서 알아보는 게 좋아요. 물론 단순히 대구나 칠레바다배스처럼 조금이라도 문제가 있는 생선을 먹지 않으면 간단하지만, 그렇게 하면 올바른 방법으로 어업을 하는 어부들의 노력을 격려하기는커녕 무시하는 게 되고 말아요. 항의나 불매 운동을 하거나 다른 사람에게 행동을 촉구하기 전에 충분히 조사하여 문제의 물고기가 정말로 지속 가능하지 않은 어장에서 나온 것인지 확인할 필요가 있어요.

비록 앞에서 남획 문제 해결에 양식이 좋은 방법이 아니라고 말하긴 했지만, 양식 물고기를 모두 피해야 한다고 말할 수도 없어요. 대서양연어처럼 어떤 물고기는 분명히 피해야 하겠지만, 잘 관리되는 민물고기 양식장도 일부 있으며, 갑각류 양식장에서는 수질 개선에 도움을 주는 부산물이 나오기도 해요.

하지만 어떤 물고기 종은 **심각한 멸종** 위기에 놓여 있기 때문에, 그런 물고기는 어떤 경우에도 먹어서는 안 돼요. **상어는** 어떤 종류든지 절대로 먹어서는 안 돼요.

상어는 새끼를 적게 낳으며, 성장 속도도 아주 느려요. 그래서 상업적 어업을 한다면 살아남기가 어려워요.

참다랑어도 절대로 먹어서는 안 돼요.

참다랑어는 이동을 많이 하는 회유성 어류라서 어획 규제를 하려면 국제적 협력이 필요해요. 참다랑어는 제대로 관리가 되지 않아 멸종 위기에 놓여 있어요.

그렇다면 우리는 무엇을 먹어야 할까요?

지속 가능한 어장에서 잡은 물고기를 먹어야 할 뿐만 아니라, 먹이 사슬에서 아래쪽에 있는 물고기를 먹는 게 좋아요. 사람들이 좋아하는 물고기는 대부분 해양 생태계 먹이 사슬에서 높은 곳에 있어요. 그래서 오염 물질, 특히 수은 같은 중금속이 많이 들어 있어요. 정어리, 멸치, 청어는 먹이 사슬에서 비교적 아래에 있어 건강에 좋아요. 캘리포니아 주에서는 정어리가 아주 풍부하지만 수요가 적어 양식장에 물고기 먹이로 팔려 나가고 있어요. 정어리는 우리의 건강에 아주 좋아요. 특히 면역력을 높이고, 심장병과 뇌졸중과 암의 발생 위험을 낮추는 효과가 있는 오메가-3 지방산이 풍부해요. 임산부와 어린이에게도 좋은 성분이 많아요.

참치 통조림은 어떨까요?

다랑어를 흔히 참치라고 부르는데, 참치 통조림은 미국에서 새우 다음으로 가장 인기가 많은 해산물이에요. 그중에서도 가장 인기 있는 것은 날개다랑어인데, 날개다랑어는 지속 가능한 어장에서 잡으며, 가끔 '솔리드 화이트(solid white, 진짜 흰 고기)'라는 라벨을 붙여 팔아요. 최상품 날개다랑어는 샌디에이고 어장 같은 태평양에서 낚시로 잡아요. 해양관리협의회는 이런 방법으로 잡은 날개다랑어 통조림에 MSC 라벨을 붙이도록 허락해요. 하지만 날개다랑어는 환경을 위해서는 안전한 선택이긴 하지만, 길이가 1.2m를 넘는 물고기여서 먹이 사슬에서 높은 곳에 있어요. 그래서 수은과 그 밖의 오염 물질이 높은 농도로 축적되어 있을 가능성이 높아요.

많은 어린이는 피시 스틱을 좋아해요, 피시 스틱은 먹어도 괜찮은가요?

피시 스틱(fish stick, 막대 모양의 생선튀김)의 기원에 대해서는 많은 이야기가 있어요. 하지만 1920년대에 영국이나 매사추세츠주에서 처음 생겼다는 주장은 틀린 게 분명해요. 왜냐하면 피시 스틱이 나오려면 그 전에 먼저 두 가지가 발명되어야 하니까요. 하나는 식품을 냉동시키는 과정이고, 또 하나는 생선 껍질과 뼈를 자동으로 발라내는 기계예요. 둘 중에서 냉동 식품이 먼저 발명되었어요. 1929년, 뉴욕 출신의 발명가 클래런스 버즈아이가 매사추세츠 주 글로스터에서 일하다가 식품을 상업적으로 냉동시키는 방법을 발명했어요. 그리고 생선 껍질과 뼈를 자동으로 발라내는 기계는 1933년에 개발되었어요.

피시 스틱보다 먼저 나온 것은 뼈를 발라낸 생선 조각에 빵가루를 입혀 냉동시킨 피시 핑거(fish finger)였어요. 피시 핑거는 생선의 종류를 쉽게 알아볼 수 있기 때문에 사용하는 생선의 종류가 중요했어요. 1930년대에 영국인은 청어로 만든 피시 핑거를 팔려고 노력하면서 대구로 만든 피시 핑거도 시험적으로 생산했어요. 그런데 놀랍게도 시장에서 대구가 더 큰 인기를 끌었어요.

피시 스틱도 대구로 시작했어요. 피시 스틱은 껍질과 뼈를 발라낸 냉동 생선 덩어리를 톱으로 잘라 직사각형 모양으로 만든 것이에요. 그래서 어떤 생선으로 만든 것인지 알아볼 수가 없었지만, 1950년대 초에 피시 스틱이 처음 나온 글로스터에서는 아직 값싸고 풍부했던 대구를 주요 재료로 썼어요. 피시 스틱은 흥미로운 새 식품이었기 때문에 「타임」지도 1953년에 피시 스틱을 포함해 냉동 식품에 대한 기사를 실었어요.

그 당시에는 대구만큼 풍부하게 잡힌 물고기가 있었는데, 그것은 바로 붉은볼락이었어요. 영어로는 레드피시(redfish)라고 하는데, 멕시코 만에서 잡히는 홍민어(167쪽 참고)도 영어로 레드피시라고 하지만, 두 종은 아무 관계가 없어요. 붉은볼락은 기계로 껍질과 **뼈**를 발라내기가 대구보다 더 쉬워 대구 대신에 피시 스틱의 주요 재료로 쓰이게 되었어요. 그러나 **뼈**를 발라내는 기계가 발명되고 나서 30년 동안 붉은볼락을 너무 많이 잡는 바람에 1960년대가 되자 붉은볼락이 매우 희귀해졌어요. 그러자 피시 스틱의 주요 재료로 대구가 다시 사용되었고, 대구도 희귀해지자 해덕대구가 사용되었어요.

오늘날 대구와 해덕대구, 그리고 뉴잉글랜드에서 잡히는 바다 고기는 대부분 너무 희귀하고 값이 비싸기 때문에, 냉동시킨 뒤 잘라서 정체를 알 수 없는 피시 스틱으로 만들어 값싸게 팔 수가 없어요. 뉴잉글랜드의 수산 회사들은 태평양명태를 사들여 사용해요. 대형 저인망 어선이 잡은 명태는 냉동시킨 뒤에 동부로 실어 보내 잘라서 스틱으로 만들지요. 하지만 태평양명태는 금방 대서양대구나 붉은볼락과 같은 운명을 맞이할지 몰라요. 즉, 남획으로 희귀해지고 말 거예요.

이처럼 어자원 고갈을 초래하는 피시 스틱 자체도 두 가지 문제가 있어요. 피시 스틱은 천연 성분의 정체를 알지 못하게 가리는 식품이에요. 그래서 이런 종류의 식품을 만드는 데에는 굳이 질이 좋은 재료를 쓸 이유가 없어요. 하지만 이것은 물고기를 아주 값싸게 먹을 수 있는 방법이기도 해요. 문제는 자연의 산물을 값싼 방법으로 수확하려고 시도하면, 그 산물은 씨가 마르기 쉽워요. 야생 물고기를 지속 가능하면서도 대량으로 값싸게 수확하는 방법을 찾기는 매우 어렵기 때문이에요.

우리는 더 많은 정보를 알 필요가 있으며, 그것을 요구해야 합니다. 생선을 살 때에는 파는 사람에게 그 생선이 어디서 잡힌 것이며, 어떤 방법으로 잡았는지 물어 보세요. 생선을 사기 전에 그런 정보를 정말로 알고 싶다고 정중하게 이야기하세요. 생선을 파는 사람들은 그 정보를 모를 수도 있어요(실제로 대개는 잘 몰라요). 하지만 우리가 더 많이 요구할수록 그들도 그런 정보를 알려고 노력할 거예요. 장사를 잘하려면 고객이 원하는 것을 들어 주어야 하기 때문에 생선 가게들도 갈수록 고객에게 필요한 정보를 제공하려고 노력할 거예요. 사람들은 자신이 잘 알고 높이 평가하는 생선이라면 기꺼이 더 많은 돈을 지불하려고 해요. 만약 모든 사람이 지속 가능한 어장에서 잡은 생선만 산다면, 지속 가능한 어장이 더 많이 늘어날 거예요. 과거에 그랬던 것처럼 모든 어업이 지속 가능한 어업이 된다면, 위기는 완전히(혹은 최소한 절반은) 끝날 거예요. 물론 물고기를(그리고 해안 지역에 사는 사람들의 생활 방식과 바다 자체도) 완전히 구하려면 아직도 기후 변화나 오염 같은 큰 문제가 남아 있어요. 하지만 그 전에 생선 가게에서 필요한 정보를 모두 제공하도록 하는 것이 급선무예요.

11장

만약 집 근처에 있는 생선 가게가 여전히 잘못된 방식으로 생선을 팔더라도, 가게 주인을 적대적으로 대하진 마세요. 먼저, 그 생선 가게가 해로운 어장에서 생선을 사고 있다는 사실을 분명하게 알려 주세요. 바다는 아주 복잡하고 알려지지 않은 게 많이 남아 있어 확실한 것이 드물다는 사실을 명심하세요. 하지만 그래도 생선 가게 주인이 잘못된 방식을 바꾸려 하지 않는다면, 판매하는 상품에 대해 이야기를 하고, 왜 이것이 여러분에게 (그리고 생선 가게 주인에게도) 중요한 문제인지 설명하세요. 그래도 말을 듣지 않는다면, 이제 행동에 나서도 됩니다.

나쁜 생선 판매를 반대하는 불매 운동이나 항의 시위를 조직할 수 있어요.

가게나 식당 앞에 어린이들이 모여 "멸종 위기에 처한 종을 파는 이 가게에서 생선을 사지 마세요!"라는 팻말을 들고 서 있으면 큰 효과가 있어요. 어린이들이 어떤 문제에 관심을 보이면, 어른들에게 큰 영향을 미칠 수 있어요. 왜 자신들은 그 문제에 관심을 보이지 않았을까 하고 크게 반성하는 계기가 되기 때문이죠. 하지만 이 모든 일은 공손하고 질서 있는 방식으로 하도록 주의해야 해요. 양심과 열정이 넘치는 어린이들로 보여야지, 말썽을 피우려는 난폭한 어린이들로 비쳐서는 안 돼요.

만약 식당에 갔다면, 종업원에게 메뉴에 있는 해산물이 지속 가능한 어장에서 잡은 것인지 물어 보세요. 아마도 종업원은 그 답을 모를 테지만, 요리사에게 물어서 알려 주려고 할지도 몰라요. 식재료를 사 오는 사람은 대개 요리사이기 때문이지요. 여러분은 단지 그 질문을 하는 것만으로도 요리사에게 그런 것을 심각하게 여기는 사람이 있다는 걸 알릴 수 있어요. 만약 요리사가 메뉴에 있는 생선이 어디서 잡힌 것인지 모른다면, 여러분은 지속 가능한 어장을 지지하며 거기서 잡힌 생선만 먹기 때문에, 이 식당에서는 그 생선 요리를 먹을 수 없다고 정중하게 설명한 쪽지를 남기세요.

선출직 공무원에게 편지를 보내는 방법도 있어요.

정부는 물고기에 관한 모든 정책과 규제를 결정하는 데 중요한 역할을 하는데, 그 고장에서 수산업이 중요한 비중을 차지하는 일부 지역 대표들만 이 문제에 관심을 보여요. 그러니 국회의원이나 지방 자치 단체장 같은 선출직 공무원에게 편지를 보내세요. 여러분의 나이와 학년, 학교를 밝히고, 정중한 태도로 왜 물고기와 바다에 깊은 관심이 있으며, 선출직 공무원이 어떤 일을 해 주길 바란다고 이야기하세요. 석유 사용이나 기름 유출, 오염, 지구 온난화에 대한 우려를 이야기해도 됩니다. 여러분의 미래가 바로 이런 것들에 달려 있으니, 대책을 세워 달라고 하세요. 하지만 여러분의 이야기에 귀를 기울이게 하려면, 정중함과 예의를 잃어서는 안 돼요.

더욱 파괴적인 방식의 어업은 다른 나라 바다나 공해에서 많이 일어나고 있어요. 이 문제를 효과적으로 해결할 수 있는 방법은 외교를 통하는 길뿐이에요. 그러니 국회의원과 대통령에게 편지를 써서 대외 관계에서 이 문제를 우선순위로 삼아 달라고 부탁하세요. 예를 들어 참다랑어는 남획으로 멸종 위기에 처해 있는데, 회유성 어류인 참다랑어는 전 세계로 이동해 다니기 때문에 한 나라만 규제에 나선다고 해서 문제를 해결할 수 없어요. 이 문제는 국제 협력을 통해서만 해결할 수 있어요.

환경 단체에 가입해 활동하는 방법도 있어요.

그러면 환경 단체는 여러분의 도움을 아주 반길 거예요. 하지만 바다에 대해 이야기할 때에는 모든 것이 아주 복잡하며 분명한 진실이 드물다는 사실을 명심해야 해요. 비록 어부와 환경 운동가는 종종 서로 적처럼 보이기도 하지만, 근본적으로 양측은 같은 편이에요. 두 집단 모두 바다를 구하길 원하니까요. 바다를 구하는 문제를 맨 먼저 제기한 사람들이 어부라는 사실을 잊지 마세요. 그리고 어부들은 그 문제를 해결하길 절실히 원해요. 어부들이 항상 옳은 것은 아니지만, 어떤 해결책이라도 그들의 협력이 없이는 성공하기 어려우니, 도움을 주길 원하는 사람은 누구든지 어부들과 잘 협력하도록 노력해야 해요.

　어부와 마찬가지로 환경 단체와 과학자도 항상 옳은 것은 아니에요. 어부들은 환경 운동가들이 기금을 더 많이 모금하려고 문제를 과장한다고 주장하는데, 이것은 약간 과장된 주장이긴 하지만 사실이기는 해요. 환경 단체들은 기금 모금 압력을 아주 강하게 받을 뿐만 아니라, 많은 참여를 이끌어 내기 위해 사람들의 관심을 끌려고 노력해요. 이런 이유 때문에 환경 단체는 문제를 과도하게 단순화하거나 과장하고 싶은 유혹을 받아요. 어부들은 또 환경 단체들이 환경에는 별로 관심이 없는 조직이나 기구로부터도 돈을 받는다고 지적해요. 반면에, 이런 비난을 쏟아 내는 어부들은 그들의 이해가 바다에서 물고기를 잡는 데 달려 있다는 사실을 사람들이 기억하지 못하길 바라며, 상업적 이해 관계 때문에 진실을 자신에게 유리하게 왜곡시키는 경향이 있어요.

　환경 단체들은 함께 협력하여 최선의 정보를 제공하는 과학자들의 도움을 받아요. 그래도 환경 단체보다는 과학자들에게 직접 받는 정보가 더 정확할 때가 많아요. 문제는 과학자가 제공하는 정보가 이해하기 어려운 방식으로 표현된 경우가 많다는 데 있어요. 이러한 과학적 정보를 이해하려면 선생님의 도움이 필요할 수도 있지만, 그래도 읽어 볼 만한 가치가 있는 경우가 많아요. 많은 생물학자들은 웹사이트를 운영하며, 다른 웹사이트에 자신의 논문을 올리기도 해요. 검색 엔진을 사용하면 관심을 가진 주제들을 찾아 읽어 볼 수 있어요.

이 책 뒷부분에는 해양 문제를 다루는 일부 환경 단체들을 소개한 참고 자료가 실려 있어요.

성공적인 사회 운동은 모두 장기적으로 인내와 끈기를 가지고 추진한 결과로 성공할 수 있었어요. 그것은 용기와 굳은 의지를 가진 소수의 사람들이 행동을 취할 수 있는 조직을 바탕으로 운동을 이끌어 나갔기 때문에 가능했어요. 여러 나라에서 벌어진 노예 제도 폐지 운동이나 노동자 기본권 쟁취 운동, 민권 운동, 베트남 반전 운동, 환경 보호 노력의 기초를 다진 1970년대의 환경 운동, 동성애자 권리 운동, 여권 운동을 비롯해 많은 사람들이 다 그랬어요. 항상 조직이 먼저 생기고 나서 그것이 성장하면서 본격적인 행동을 통해 실질적인 효과가 나타났어요. 이러한 운동들을 조사해 보면(1940년대 초부터 1960년대 초까지 일어난 민권 운동이 가장 교훈적이에요), 바다를 구하기 위한 여러분의 운동을 어떻게 이끌어 나가는 게 좋을지 감을 잡을 수 있을 거예요. 물론 모든 운동은 그 시대와 문화를 반영해 그에 알맞게 전개해야 해요. 여러분이 하고자 하는 운동은 이전의 민권 운동과는 달리 인터넷, 이메일, 페이스북이나 트위터 같은 소셜 네트워킹 사이트, 그 밖의 현대적 도구를 활용할 수 있어요.

하지만 전자 커뮤니케이션 시대라 하더라도 직접 얼굴을 맞대고 접촉하는 것이 다른 사람들과 관계를 맺어 나가는 방법 중에서 가장 효과적이라는 사실을 잊지 마세요. 조직의 기본 원리는 시대와 기술이 변해도 똑같아요.

지구를 구하려면 많은 노력이 필요해요. 하지만 어떤 노력이 더 가치가 있을까요? 많은 과학자는 아직 때가 늦지 않았다고 말해요. 하지만 어느 한계점을 지나면 손상을 복구하는 게 불가능하다고 합니다. 그리고 그 한계점까지 시간이 많이 남아 있지 않아요. 어쩌면 겨우 한 세대밖에 남지 않았을지도 몰라요. 그래서 여러분 세대가 아주 중요해요. 여러분은 역사상 그 어느 세대보다도 더 많은 책임과 기회를 짊어지고 있어요. 여러분에게는 그냥 지켜보면서 소극적으로 행동할 여유조차 없어요. 현재 지구에 어떤 일이 일어나고 있는지 확실히 알고 행동을 취해야만 해요.

바다뿐만 아니라 우리가 살고 있는 모든 세계의 생존이 바로 여러분에게 달려 있어요!

해양 문제를 다루는 환경 단체들

💬 **블루오션 연구소(Blue Ocean Institute)**
www.blueocean.org

작가이자 환경 운동가인 칼 새피나가 2003년에 세운 단체예요. 웹사이트에 소개된 해산물 안내서는 몬터레이 만 수족관 웹사이트의 장점과 약점을 많이 공유하고 있어요. 이 단체 역시 개별 어장을 직접 조사하지 않고 발표된 보고서에 의존합니다. 많은 상업적 물고기 종의 다양한 어장을 자세히 소개하지만, 다른 곳에서 위협을 받는 종을 지속 가능한 어업으로 잡는 어장처럼 예외적인 곳을 가끔 빼먹기도 해요. 하지만 전반적으로는 유용한 정보가 많아요.

💬 **쿠스토 협회(The Cousteau Society)**
www.cousteau.org와 www.cousteaukids.org

세계적으로 유명한 해양생태학 단체인 쿠스토 협회는 프랑스의 스쿠버다이빙 창시자이자 수중 영화 제작자이며 애퀄렁의 발명가이기도 한 자크 이브 쿠스토(1910~1997)가 1973년에 만들었어요. 쿠스토는 평생을 해양 탐사와 자연 보호 운동에 바쳤으며, 최초의 해양생태학자 중 한 명이에요. 그는 환경 운동과 일반 대중의 교육에도 큰 열의를 보여 120여 편의 텔레비전 다큐멘터리를 제작하고, 40권 이상의 책을 썼어요.

환경보호기금(Environmental Defense Fund)
www.edf.org

1967년에 세워진 환경보호기금은 살충제 DDT를 금지하는 법적 소송을 벌이면서 탄생했어요. 환경보호기금은 변호사들과 과학자들이 함께 팀을 이루어 법 제도를 통해 환경을 보호하는 노력을 전개합니다. 이들은 고래를 구하고, 지구 온난화 문제를 해결하기 위한 노력을 이끌어 내고, 맥도널드 회사에 포장 재료를 덜 쓰게 하는 등의 일을 했어요. 환경보호기금의 웹사이트에는 '해산물 선택자'라는 항목이 있는데, 여기에는 몬터레이 만 수족관에 실린 것과 비슷한 친환경 생선들이 실려 있어요. 게다가 어장과 해양 오염에 관한 추가 정보까지 있어요.

 그린피스(Greenpeace)
www.greenpeace.org

그린피스는 네덜란드를 본거지로 하여 1971년에 세워진 세계적인 환경 단체예요. 사명 선언문에는 "평화적인 직접적 행동과 창조적 소통"을 사용해 전 지구적 문제를 해결한다고 나와 있지만, 이 단체의 주요 무기는 때로는 육체적 위험까지 무릅쓴 대결처럼 보여요. 이들은 자신들이 환경을 해치는 활동을 저지하는 데 실패할 경우가 많다는 사실을 알면서도 공격적이고 위험한 저지 행동을 멈추지 않는데, 그것을 통해 일반 대중에게 해당 문제를 널리 알릴 수 있기 때문이에요. 이런 방법을 통해 그린피스는 가끔 중요한 환경 문제에 대중의 관심을 쏠리게 하는 데 성공하지만, 그렇지 않은 경우도 있어요.

해양관리협의회(Marine Stewardship Council)
www.msc.org

1955년에 세워진 해양관리협의회(MSC)는 실제로 바다를 여행하면서 어장을 조사하는 유일한 단체예요. 이들의 웹사이트는 먹어도 되는 MSC 인증 생선 명단과 지속 가능한 어장 명단을 포함해 다양한 정보를 제공해요. 이 명단에 있는 어느 생선을 클릭하면, 그 생선이 좋은 생선인지 나쁜 생선인지는 말해 주지 않지만, 그 생선이 어느 어장에서 잡히며 어디에 가면 살 수 있는지 알려 줍니다.

 몬터레이 만 수족관(Monterey Bay Aquarium)
www.montereybayaquarium.org

여기서는 먹을 수 있는 생선과 피해야 할 생선을 잘 정리해 놓은 명단을 찾아볼 수 있어요. 이 웹사이트의 해산물 감시 안내서는 어린이와 일반 소비자가 빠르고 쉽게 이해할 수 있게 정리되어 있지만, 너무 간단해서 약간 오해를 불러일으킬 수도 있어요. 최선의 방법은 웹사이트에 접속해서 최신 명단을 내려받는 것이에요. 공짜로 이용할 수 있는 해산물 감시 애플리케이션도 있어요. 더 자세한 정보와 도움이 되는 링크를 찾으려면 www.wordlwithoutfishthebook.com이나 www.workman.com/wordlwithoutfish를 참고하세요.

MBA의 슈퍼그린 명단(MBA's Super Green List)도 참고할 가치가 있는데, 환경 관점에서 먹기에 가장 좋을 뿐만 아니라 건강에도 좋은 생선 명단을 끊임없이 수정하는 명단을 제공합니다.

미국자원보호위원회(Natural Resources Defense Council)
www.nrdc.org

1970년에 세워진 이 단체는 전투적인 집단으로, 환경보호기금처럼 변호사들과 과학자들이 힘을 합쳐 법적 투쟁을 벌여요. 이 단체의 웹사이트에는 정기적으로 갱신되는 'Take Action(행동을 취하라)'이라는 항목이 있는데, 광범위한 환경 문제들을 열거하면서 사람들이 자기 의견을 제시하는 것을 기다립니다.

 국제자연보호협회(The Nature Conservancy)
www.nature.org

1951년에 세워진 이 단체는 오래된 환경 단체 중 하나예요. 과학자들과 많이 협력해 일하며, 현지 주민과 어부들을 문제 해결 과정에 동참하게 하는 비투쟁적 방식을 지향합니다. 국제자연보호협회는 미국 서해안의 어장들과 태평양의 산호초들, 카리브 해의 멸종 위기 종들을 대상으로 흥미로운 계획을 많이 추진했어요. 「자연 보전(Nature Conservancy)」이라는 잡지도 발행해요.

 해양연합(Ocean Alliance)
www.oceanalliance.org

1971년에 세워진 이 단체는 주로 오염이 고래에 미치는 영향에 관심을 기울여요. 선체를 강철로 만든 길이 28m의 범선을 해양과학 실험실로 사용해 기름 유출과 그 밖의 오염이 미치는 영향을 감시합니다.

오세아나(Oceana)
oceana.org

2001년에 출범한 이 단체는 창립자 중 몇 사람이 퓨 채리터블 트러스트(선 오일), 마리슬라 재단(게티 오일), 록펠러 형제 재단(스탠더드 오일) 같은 석유 회사에서 돈을 받았기 때문에 한때 약간 의심을 받기도 했어요. 2002년에 오세아나는 배우인 테드 댄슨이 자금을 댄 미국해양캠페인과 합쳤어요. 웹사이트에는 많은 정보가 올라와 있어요.

 ### 고래보호재단(The Whaleman Foundation)
www.whaleman.org

해양 포유류와 그 서식지(물론 바다)에만 관심을 집중하는 단체예요. 고래와 돌고래와 특별한 관심이 있다면, 이 웹사이트를 참고하면 도움이 될 거예요. 이 단체가 만든 영화와 그 밖의 자료도 참고하세요.

여러분의 생각을 실천하는 아홉 단계

1. 친구들과 쟁점에 대해 이야기를 나눈다. 관련 자료를 읽고 영화를 보고 서로 의견을 나눈다.
2. 작은 단체를 만든다. 서로 대화를 나누고, 외부 사람들과도 대화를 나누면서 그들을 단체에 가입하게 한다.
3. 단체 이름을 '학생 생물 다양성 협회' 같은 것으로 근사하게 짓는다.
4. 현지에서 할 수 있는 작은 활동을 시작한다. 정보를 담은 팸플릿이나 소책자를 돌린다. 포스터도 제작해 붙인다. 사람들에게 필요한 정보를 알려 준다. 아니면 여러분이 알기에 멸종 위기에 처한 종을 판매하는 가게를 선택해 그 종을 팔지 못하게 노력한다.
5. 여러분이 한 일을 널리 알린다. 다른 어린이와 부모에게 알리고, 언론 매체에도 알리려고 노력해 보라. 여러분이 어떤 일을 하며, 왜 그런 일을 하는지 모든 사람에게 이야기한다.
6. 단체가 충분히 성장했다고 생각하면, 다른 학교에도 지부를 만든다.
8. 이제 활동의 폭을 더 넓히고, 더 큰 일을 한다.
9. 다른 학교와 도시에서 지부를 이끌어 나갈 사람들을 찾도록 노력한다. 아무도 생각하지 못했던 일을 하려고 노력하라!

단체를 이끄는 사람에게 필요한 특성 일곱 가지

1. 조사와 연구를 열심히 해야 한다. 해당 분야의 지식을 전부 다 알려고 노력해야 한다. 책과 신문 기사, 웹사이트를 뒤지며 열심히 읽고 관련 지식을 습득한다. 최신 정보를 잘 알아야 한다.

2. 재미있어야 한다. 유머 감각과 사람들을 웃기는 재주가 있으면 큰 도움이 된다. 벌이는 행사를 재미있게 만들려고 노력하라. 사람들을 웃기려고 노력하라. 많은 사람이 여러분의 운동에 동참하길 원할 테지만, 만약 단체에 가입한 사람들이 모두 옳긴 하지만 우울해 보인다면 아무도 가입하려 하지 않을 것이다.

3. 독창성이 있어야 한다. 사람들을 깜짝 놀라게 하고 관심을 끄는 행동을 생각하려면 뛰어난 상상력이 필요하다.

4. 공감을 잘 해야 한다. 다른 사람들의 견해와 감정에 관심을 보이고, 그런 관심을 표현하는 걸 주저하지 마라.

5. 큰 이상을 품어야 한다. 때로는 냉소적 태도가 멋있게 보일 수도 있지만, 그런 태도가 생산적 결과를 낳는 경우는 드물다. 여러분이 세상을 바꿀 수 있다는 생각이 순진하게 보일지 모르지만, 인류 역사에서 일어난 모든 발전은 자신이 뭔가를 이룰 수 있다고 믿을 만큼 큰 이상을 품은 사람들이 이루어 냈다.

6. 남을 존중하고 배려하는 마음을 가져라. 운동이 성공하려면 서로 견해가 다른 사람들이 힘을 합쳐야 한다. 모든 사람을(심지어 반대자까지도) 친절과 존중하는 마음으로 대하라. 그러면 여러분에게 반대하는 사람들의 태도를 누그러뜨릴 수 있고, 찬성하는 사람들에게도 감동을 줄 수 있다.

7. 인내심이 있어야 한다. 변화는 많은 좌절을 겪으며 아주 느리게 일어나는 과정이다. 여러분의 목표가 분명하고 의지가 확고하다면, 결국에는 승리할 것이다.

바다와 물고기를 구하기 위해 여러분이 할 수 있는 일 다섯 가지

1. 친구와 가족과 함께, 그리고 학교에서도 해당 문제에 대해 이야기한다.
2. 어장들에 대한 정보를 조사하고, 생선을 판매하는 사람에게 자세한 정보를 요구한다. 그리고 가족들을 설득해 지속 가능한 어장에서 잡은 생선만 사게 한다. 좋은 어장들이 어디인지 알려고 노력하고, 가족들에게 그곳에서 잡은 생선을 사게 한다.
3. 정부 관계자들에게 편지를 보내 물고기와 오염, 지구 온난화, 연안 석유 시추에 관한 우려를 전달한다.
4. 걷거나 자전거를 타고 갈 수 있는 곳을 갈 때에는 자가용이나 대중 교통을 이용하지 않는다.
5. 플라스틱 용기에 담긴 음료수를 마시지 않는다. 식품을 저장하는 데에도 플라스틱 용기를 쓰지 않는다. 가게에서 비닐 봉지를 받지 않는다. 세상에 플라스틱 제품이 덜 돌아다니면 바다를 구하는 데 큰 도움이 된다.

찾아보기

ㄱ

가마우지 11
가자미 27, 66
갈매기 11, 32
갑각류 34, 64, 141
검은등제비갈매기 32, 33
게 28, 39, 40
고등어 66
고래 11, 14, 27
고래보호재단 194
공룡 163
과학자 74, 77
관광 105, 106
광문홍어 127
광합성 63
국제자연보호협회 174, 193
군체 20
군함새 32
그랜드뱅크스 86, 96, 98
그린피스 191
그림스비 항구 53
그물 131
글로스터 55, 56, 132

기름 유출 141, 144, 183
기후 변화 20
긴부리돌고래 33, 166

ㄴ

낚시 135
날개다랑어 178
남획 20, 23, 26, 81, 87, 88, 90, 93, 99, 109
납 147
넙치 66
노무라입깃해파리 37
뉴펀들랜드 섬 95, 98, 103~105

ㄷ

다랑어(참치) 11, 28, 166
다윈, 찰스(Darwin, Charles) 12, 13, 15~18, 47, 67, 75, 77, 78, 81, 99, 162, 163
대구 11, 13, 27, 50, 66, 75~77, 98, 99, 103, 105, 165
대서양연어 18

도마뱀 11, 28, 39, 40
돌고래 11, 27, 28, 31
동물 플랑크톤 37, 63, 64, 67
뒤마, 알렉상드르(Dumas, Alexandre) 76
딱정벌레 28, 40
땅거북 23
DNA 150, 151

ㄹ

래브라도 반도 95
레이우엔훅, 안톤 판(Leeuwenhoek, Anton van) 76
록호퍼 58

ㅁ

말미잘 19
메가마우스 23
메이오, 랠프(Mayo, Ralph) 97
멕시코 만 143, 144
멸종 17, 31, 32, 71, 99, 162
멸치 11, 29, 66
모노필라멘트 58
몬터레이 만 수족관 172
물고기 알 75~77
물고기 양식 112, 113
물범 11, 14, 27, 31, 165

ㅂ

바다거북 23
바닥고기 46
바닷새 28, 32, 33, 39, 40, 67
바이킹 90
배타적 경제 수역 92, 93, 95, 139
부수 어획 118, 119, 126, 166
북극곰 155
북해 50, 52, 54, 55, 57, 96
블루오션 연구소 190
BP(영국석유회사) 144
빔 트롤 51, 52, 55

ㅅ

산업 오염 물질 140
산업혁명 11, 12, 80
산호초 19, 20, 157
삼엽충 29
상어 126, 177
상업적 멸종 17, 18, 78
생물 다양성 18, 22, 23, 27, 28
생물학적 멸종 17, 18, 78
세균 64
세이버리, 토머스(Savery, Thomas) 48, 49
수은 146~149, 177
스키프 95
식물 플랑크톤 63, 64, 139
실러캔스 22

찾아보기

ㅇ

아이슬란드 89~92, 116
앤 여왕 전쟁 50
어부 44~49, 55~59, 67, 74, 75, 77~80, 87, 103, 106, 163
어업 45, 48, 50, 91, 106
어장 45, 55
어장 폐쇄 123~125
어획 금지 조처 98
어획량 쿼터 117
엑손발데즈호 141
연안 석유 시추 144
연어 11
열대 우림 22
염분 158
오렌지러피 68~70, 167
오록스 114
오세아나 194
오염 20, 26, 163
오터 트롤 51, 52
온실 기체 155
우즈홀해양연구소 142
원숭이 16
이산화탄소 155

ㅈ

자망 122, 123
작살 135
장수거북 38, 39
재생 가능 에너지 145

저인망 어선(트롤 어선) 51, 55~59, 96, 104, 113, 131, 135
적조 34
정어리 29, 66
제비갈매기 32
조디액호 53
『종의 기원』 12
주낙 79
죽음의 지역(데드 존) 139, 140, 164
줄무늬농어 114
지구 온난화 26, 37, 93, 155, 157, 163
지느러미 물고기 28
지속 가능한 어업 109, 167, 175
진화 16, 27~29, 32, 35, 37, 39, 40, 113, 150

ㅊ

참다랑어 31, 177
참치 통조림 178
채텀대구 173
천적 17
청어 46~48, 50, 64
출어 기간 제한 121, 122
칠레바다배스 168

ㅋ

캄브리아기 29, 35
케이프코드 125
케이프코드 상업적 낚시 협회 173

코끼리물범 31
코뿔바다오리 32
콜리우르 106
쿠스토 협회 190
크로스비, 존(Crosbie, John) 190
크롬 147~150
크릴 31, 34, 64, 67

ㅌ

탄소 158
태평양 거대 쓰레기 지대 140
티클러 58

ㅍ

포식동물 28
폴리, 대니얼(Pauly, Daniel) 127
폴리염화바이페닐(PCB) 146, 147
프루드호 만 기름 유출 사고 144
플랑크톤 34, 35, 39, 63
플레미시캡 67
피시 스틱 178

ㅎ

해덕대구 66, 118, 169, 180
해양 척추동물 28
해양 포유류 11, 31, 143
해양관리협의회 170
해양연합 193
해저 유전 사고 142

해파리 19, 32, 35, 37~39
헉슬리, 토머스 헨리(Huxley, Thomas Henry) 78~83
호모 사피엔스 13
혹등고래 31, 64, 66
혼합 영양 생물 64
홍민어 167
환경 단체 184
환경보호기금 191
황다랑어 33
황새치 11, 169
회색바다표범 165
회유성 어류 46, 177
후안페르난데스 제도 33
후안페르난데스바다제비 33

감사하는 말

이 책을 좋은 사람들에게 소개한 나의 에이전트인 샬럿 시디, 넘치는 에너지와 열정을 한데 모을 수 있게 해 주고, 바다와 아이들을 늘 걱정하는, 편집자 라쿠엘 자라밀로에게 감사드립니다. 그리고 감동적인 그림을 그려 준 프랭크 스톡턴에게 감사드립니다.

또한 내 낚시 친구이자 아이들에 관한 최고의 조언자인, 내 딸 탈리아 페이거 쿨란스키에게 크나큰 감사의 말을 전합니다.

해파리 요리법을 알려 준 프랭크 로리아에게도 감사드립니다.

그리고 나를 이끌어 주고, 가르쳐 주고, 내게 많은 영감을 준 생물학자들, 리사 밸런스, 낸시 놀턴, 사라 메스닉, 대니얼 폴리, 마이클 서턴, 그리고 오스왈드 O. 윌슨에게 감사드립니다. 여러분도 세상에 대한 호기심을 키우고 싶다면 생물학자들을 만나 이야기를 나눠 보시기 바랍니다.

Photo/art credits

13쪽, Courtesy of Library of Congress; 18쪽, Courtesy of U.S. National Ocean and Atmospheric Administration; 22쪽, Dorling Kindersley/Getty Images; 23쪽, ⓒ Toru Yamanaka/AFP/Getty Images; 27쪽(왼쪽), Courtesy of U.S. National Ocean and Atmospheric Administration; 27쪽(오른쪽), ⓒ HelleM/Shutterstock; 29쪽, ⓒ D. Morley Read/Shutterstock; 32쪽, ⓒ Roblind/Shutterstock; 33쪽, ⓒ Rich Lindie/Shutterstock; 34쪽, ⓒ Jeff Foott/Getty Images; 37쪽, ⓒ Yomiuri Shimbun/AFP/Getty Images; 39쪽, ⓒ Dorling Kindersley/Getty Images; 47쪽, ⓒ Hulton Archive/Getty Images; 48쪽, ⓒ Kovaleska/Shutterstock; 51쪽, Various/Shutterstock; 53쪽, ILN Print Library; 68쪽, ⓒ WILDLIFE GmbH/Alamy; 76쪽, Courtesy of Rijksmuseum, Amsterdam; 78쪽, Courtesy of Wikipedia Commons; 80쪽, Prints-4-All; 89쪽, ⓒ Jennifer Pavelski/Shutterstock; 92쪽, Courtesy of Wikipedia Commons; 107쪽, ⓒ Stacy Gold/National Geographic/Getty Images; 114쪽, Courtesy of Wikipedia Commons; 119쪽, ⓒ Jeff Rotman/Getty Images; 127쪽, Dorling Kindersley/Getty Images; 133쪽, ⓒ Laura Stone/Shutterstock; 140쪽, ⓒ Telnov Oleg/Shutterstock; 144쪽, ⓒ Danny E. Hooks/Shutterstock; 149쪽, ⓒ Astrid van der Eerden/Shutterstock; 166쪽, ⓒ Anna Segeren/Shutterstock; 168쪽, Courtesy of U.S. Federal Government; 172쪽, Courtesy of Marine Stewardship Council; 173쪽, Courtesy of Monterey Bay Aquarium

지은이 마크 쿨란스키 Mark Kurlansky

버틀러 대학 연극과를 졸업하고, 극작가, 어부, 항만 노동자, 법률가 보조원, 요리사 등을 거쳐 저널리스트로 활동하며 저술 활동을 하고 있다. 『대구』, 『소금』, 『커다란 굴』 등의 베스트셀러를 썼으며, 비어드 상과 뉴욕공립도서관 올해 최고의 책 등 많은 상을 받았다.
www.markkurlansky.com

그린이 프랭크 스톡턴 Frank Stockton

화가이자 일러스트레이터이며, 「에스콰이어」, 「더 뉴요커」, 「뉴욕 타임스」, 「롤링스톤」 같은 잡지에 그림을 그리고 있다.

옮긴이 이충호

서울대학교 사범대학 화학과를 졸업하고, 현재 과학 전문 번역가로 활동하고 있다. 『신은 왜 우리 곁을 떠나지 않는가』로 2001년 제20회 한국과학기술도서 번역상을 받았다. 옮긴 책으로 『진화심리학』, 『사라진 스푼』, 『이야기 파라독스』, 『화학이 화끈화끈』, 『59초』, 『내 안의 유인원』, 『많아지면 달라진다』, 『루시퍼 이펙트』, 『행복은 전염된다』, 『우주의 비밀』, 『세계의 모든 신화』, 『루시―최초의 인류』, 『처음 읽는 양자물리학』, 『공포의 먼지 폭풍』, 『흙보다 더 오래된 지구』 등이 있다.

물고기가 사라진 세상

1판 1쇄 발행 2012년 4월 14일
1판 10쇄 발행 2022년 10월 17일

지은이 마크 쿨란스키 | 그린이 프랭크 스톡턴 | 옮긴이 이충호
펴낸이 조추자 | 펴낸곳 두레아이들
등록 2002년 4월 26일 제10-2365호 | 주소 서울시 마포구 독막로 100 세방글로벌시티 603호
전화 02)702-2119, 703-8781 | 팩스 02)715-9420
이메일 dourei@chol.com | 블로그 http://blog.naver.com/dourei | 트위터 twitter.com/dourei_books
ISBN 978-89-91550-35-3 73840

＊가격은 뒤표지에 적혀 있습니다. 잘못 만들어진 책은 바꾸어 드립니다.
＊두레아이들은 도서출판 두레의 어린이책 출판사입니다.
＊이 도서의 국립중앙도서관 출판시도서목록(CIP)은 e-CIP홈페이지(http://www.nl.go.kr/ecip)와 국가자료 공동목록시스템(http://www.nl.go.kr/kolisnet)에서 이용하실 수 있습니다.(CIP제어번호: CIP2012001361)